车尔尼雪夫斯基乌托邦思想研究

——以长篇小说《怎么办?》为例

倪国源　著

首都师范大学出版社
CAPITAL NORMAL UNIVERSITY PRESS

图书在版编目(CIP)数据

车尔尼雪夫斯基乌托邦思想研究：以长篇小说《怎么办?》为例 / 倪国源著 .—北京：首都师范大学出版社，2023.6（2024.4 重印）

ISBN 978-7-5656-7378-8

Ⅰ. ①车… Ⅱ. ①倪… Ⅲ. ①车尔尼雪夫斯基（Chernyshervski，Nikolai Gorrilovich 1828-1889）—乌托邦—思想评论 Ⅳ. ①B512.44

中国版本图书馆 CIP 数据核字(2022)第 257716 号

CHEERNIXUEFUSIJI WUTUOBANG SIXIANG YANJIU

车尔尼雪夫斯基乌托邦思想研究

——以长篇小说《怎么办?》为例

倪国源　著

项目策划　邢　淑

责任编辑　钱　浩

首都师范大学出版社出版发行

地　址　北京西三环北路 105 号

邮　编　100048

电　话　68418523(总编室)　68982468(发行部)

网　址　http://cnupn.cnu.edu.cn

印　刷　北京印刷集团有限责任公司

经　销　全国新华书店

版　次　2023 年 6 月第 1 版

印　次　2024 年 4 月第 2 次印刷

开　本　710mm×1000mm　1/16

印　张　7.75

字　数　119 千

定　价　38.00 元

目　　录

绪　论

尼古拉·加夫里洛维奇·车尔尼雪夫斯基（Николай Гаврилович Чернышевский），一个响亮的名字！由于生活年代、历史背景及个人作品的特殊性，车尔尼雪夫斯基身上被打上深深的意识形态烙印，所以对于不论是俄罗斯人，还是中国人，还是西方民众来说，他都曾是站在“风口浪尖”上的人物。正如赫尔岑指出的那样，“我们可以喜爱他，也可以憎恨他，但我们不能不注意他”。

车尔尼雪夫斯基于 1828 年出生在萨拉托夫一个牧师家庭，上过神学学校，接受过宗教教育，一生中有 21 年是在囚禁和流放中度过的。1889 年夏，他走完了遍布荆棘、饱经磨难的人生旅程，病逝于故乡。生活的艰难、命运的坎坷、社会的动荡不但没有摧毁其意志，反将其锻造为一个坚定的唯物主义者、无神论者，他那锋利的思想武器足以刺穿沙皇专制政府的心脏。文弱儒雅、少言寡语、清心淡泊……这是他给人们的印象，作家、批评家、政论家、哲学家、美学家、经济学家、翻译家……这是人们给他的头衔。他宽广的精神世界凝结出丰硕的思想结晶：《怎么办?》、《序幕》、《小说中的小说》（又译为《故事中的故事》）、《阿尔费利耶夫》、《车尔尼雪夫斯基论文学》、《哲学中的人本主义原理》、《艺术与现实的审美关系》、《美学论文选》、《当代美学概念批判》、《论崇高与滑稽》、《论亚里士多德的〈诗学〉》、《资本和劳动》、《穆勒政治经济学概述》、《培根》、《世界通史》……内容涉及文学、哲学、美学、政治经济学等诸多领域。形式也自由多样：小说、哲学探讨、思想随笔、批判文章、铭文箴言……吸引了众多读者和研究者。

车尔尼雪夫斯基一生著述颇丰，《怎么办?》是其最具代表性的文学作品。小说《怎么办?》情节简单，字句朴实，融会了车尔尼雪夫斯基的哲思冥想。细细品味，字里行间奏出车尔尼雪夫斯基思想的最强音。《怎么办?》所承载的车氏乌托邦思想对19世纪后半叶的俄国民粹派运动、后来的俄国十月革命以及苏联时期的文学创作都产生了深远而巨大的影响。车尔尼雪夫斯基理想社会中的人、环境及发展动力的和谐结合对我们这个解构了一切理想的后现代时代同样具有重要的现实教化意义。鉴于此，我们有必要探讨这部作品，尤其是其中关于社会构建的乌托邦思想。

在研究车尔尼雪夫斯基的乌托邦思想之前，笔者先就前人对车尔尼雪夫斯基生平、创作历程的研究做一番爬梳。

一、俄罗斯对车尔尼雪夫斯基的研究综述

根据笔者掌握的材料，俄罗斯对车尔尼雪夫斯基的研究主要有以下几个方面：

(一)关于作家生平和总体创作

俄国十月革命之前，由于沙皇当局的专制统治，全面介绍车尔尼雪夫斯基生平和作品的文章著述不多。俄国马克思主义思想传播者普列汉诺夫，于车氏去世后第一年，即1890年发表《尼·加·车尔尼雪夫斯基》一文，系统介绍车尔尼雪夫斯基的生活轨迹和所著文章、书籍，开启公众对车氏的全面认知。1908年，杰尼休克(Н. Ф. Денисюк)发表了《尼古拉·加夫里洛维奇·车尔尼雪夫斯基：他的时代、生活和文章》，在普列汉诺夫的研究基础上，运用历史和阶级分析的方法，将车氏的生活、创作和思想体系形成置于19世纪俄国时代大背景下进行考察。1919年，尼古拉耶夫(А. А. Николаев)写了《尼古拉·加夫里洛维奇·车尔尼雪夫斯基：著名的学者和俄罗斯社会主义的奠基人，他的生活和著作》一文，对车氏的生平及各项领域活动进行了更加细致的研究，称他为“著名学者、俄罗斯社会主义奠基人”①。

苏联时期，对车尔尼雪夫斯基的研究热潮骤然涌起且持续不断，车氏研究呈现“工业化生产”趋势。学者斯坎兰(Дж. Сканлан)曾统计，“截至

① А. А. Николаев. Николай Гаврилович Чернышевский：Знаменитый ученый и родоначальник русского социализма，Его жизнь и труды. Ярославль：ИЯКСК，1919，С. 61.

1967 年，苏联国内发表关于车尔尼雪夫斯基的论文 400 余篇；到 1985 年，已经超过 600 篇”。到 20 世纪 80 年代，苏联国家文艺学的“车尔尼雪夫斯基及其作品分析”已成为一门独立学科——车尔尼雪夫斯基学。最具代表性的有：卢纳察尔斯基撰文《作家尼·加·车尔尼雪夫斯基》(1928)，对车尔尼雪夫斯基的生平、主要革命活动及文学创作做出了深刻全面的分析，为苏联时期的车尔尼雪夫斯基研究奠定了基础，20 世纪 20 年代末到 90 年代初关于车氏的大部分作品都是以该文为参照，延展文章提出的研究主题，是车尔尼雪夫斯基学的“根文本”。1980 年，古拉利尼克(У. А. Гуральник)写了《作家尼·加·车尔尼雪夫斯基的遗产和苏联文艺学》一书，对半个多世纪以来研究车尔尼雪夫斯基的文章、专著进行归纳和总结，勾勒出自 20 世纪 20 年代末(以卢纳察尔斯基的文章为起点)至 80 年代车尔尼雪夫斯基学的发展脉络：研究重心从“理论见解”向“艺术创作”倾斜，指出“与大量研究车尔尼雪夫斯基美学理论相比，对其艺术实践的研究显得捉襟见肘”①。我们还注意到，1988 年身居海外的纳博科夫的小说《天赋》问世，其中的第四章专门用来描写车尔尼雪夫斯基的生活，认为车氏完全不是最具吸引力的人物，为公众重新审视车尔尼雪夫斯基的个人形象提供了全新视角，从而推动学界对车氏“新”面貌的构建。

后苏联时期，杰姆琴科(А. А. Демченко)历时 16 年，推出专著《关于尼·加·车尔尼雪夫斯基的学术传记》。这是第一部淡化意识形态因素的车尔尼雪夫斯基传记，该书结合史料全方位、多视角地考察了车尔尼雪夫斯基，这有别于苏联和更早时期的类似文本，为新时期车尔尼雪夫斯基生平和创作活动研究奠定基调。2008 年，杰姆琴科再出力作，出版了《罗斯之路》系列文集中的车尔尼雪夫斯基卷《尼·加·车尔尼雪夫斯基：赞成与反对》，首次披露同时代人对车尔尼雪夫斯基个人和作品完全相反的两派评价，这既可以让我们了解车尔尼雪夫斯基研究在苏联成立之前的发展状况，也可以明晰车尔尼雪夫斯基“神话”的起源。

(二)关于乌托邦思想

车尔尼雪夫斯基乌托邦思想研究，在后苏联的俄罗斯时期开始出现，主要存在于介绍俄罗斯思想或乌托邦文学的专著和文章中。1995 年，舍斯

① У. А. Гуральник. Н. Г. Наследие Чернышевского-писателя и советское литературоведение. М.: Наука, 1980, С. 47.

塔科夫(В. П. Шестаков)《末世论和乌托邦》出版，此书研究末世论和乌托邦的关系，简要总结乌托邦文学的特点，并对车尔尼雪夫斯基乌托邦思想进行梳理，认为“历史乐观主义，对进步、对接近未来的可能、对未来是可预测的信仰是车尔尼雪夫斯基乌托邦的特点。所有这一切使车尔尼雪夫斯基小说中一个不大的片段成为俄罗斯乌托邦文学史上令人极其好奇的文献”①。2005 年，俄罗斯学者科夫通(Н. В. Ковтун)在自己的论文《19 世纪下半叶俄罗斯的文学乌托邦》中，专辟一节《“幸福乌托邦”的黄昏：车尔尼雪夫斯基、陀思妥耶夫斯基、萨尔蒂科夫-谢德林》，从多层面、不同角度刻画出车尔尼雪夫斯基乌托邦的轮廓，称其是“‘幸福乌托邦’黄昏的开端，是欧洲传统的乌托邦方案，以及水晶宫、法郎吉、脑力劳动和体力劳动和谐发展思想的结合体”②。2006 年，斯托帕尔德(Т. Стоппард)的《乌托邦彼岸》出版，其中提到车尔尼雪夫斯基，初步考察了车氏乌托邦与苏联社会主义建设之间的关系，称其为“布尔什维克历史上早期的圣徒之一”③。2007 年，俄罗斯学者科卡列娃(Ю. В. Кокарева)在自己的论文《俄罗斯民粹派哲学中的道德理想：尼・加・车尔尼雪夫斯基，尼・康・米海洛夫斯基》中写道：“车尔尼雪夫斯基的既定目标是把小说《怎么办?》当作改造实践的行动指南来写，他实际上呈现给读者的是地上天堂，即乌托邦的描绘”④，同时分析了车尔尼雪夫斯基的乌托邦构想，并指出正是车尔尼雪夫斯基对人类活动所有领域的现实状态的虚无主义态度成为小说创作的推动力。

(三)关于小说《怎么办?》

《怎么办?》是车尔尼雪夫斯基第一部真正意义上的文学作品，也是作家影响力最大的一部作品，世人对车氏的了解大都来源于此。1863 年，车氏在彼得保罗要塞被关押期间写就《怎么办?》，后陆续发表在《现代人》杂志，一经问世就在那激荡的历史岁月引发了巨大争议。我国俄语界著名学者、车尔尼雪夫斯基研究专家蒋路在自己的著作《俄国文史采微》中写道：

---

① В. П. Шестаков. Эсхатология и утопия. М.：Владос，1995，С. 52.

② Н. В. Ковтун. Русская литературная утопия второй половины XX века. Томск：Том. гос. ун-т.，2005，С. 52.

③ Т. Стоппард. Берег утопии. М.：Иностр. лит.，2006，С. 414.

④ Ю. В. Кокарева. Нравственный идеал в философии русского народничества：Н. Г. Чернышевский，Н. К. Михайловский. СПб：С.-Петерб. гос. ун-т.，2007，С. 74.

“任何文艺作品都难以满足社会上多方面、多层次的思想要求和审美要求，因此读者的褒贬本来不足为奇。但俄国文学史上恐怕没有一部作品像车尔尼雪夫斯基的《怎么办?》一样，在国内外引起过如此迥然不同的反响。”[①]

在沙俄时代，各界出于意识形态立场，对这部小说的研究和争论主要集中在其所蕴含的“合理利己主义”哲学、理性战胜人性、科技改变世界等方面。1863 年，书报审查官费·托尔斯泰发表了《车尔尼雪夫斯基笔下主人公们的假明智》一文，率先对车尔尼雪夫斯基发难，谴责《怎么办?》的“新人”行为不端、思想有害，称这部小说是“俄国文学中最低劣的作品”。陀思妥耶夫斯基创作的《地下室手记》对《怎么办?》宣扬的思想进行了针对性批判，并利用《时代》杂志对“特殊人”拉赫梅托夫进行了猛烈抨击。卡特科夫声称在《怎么办?》里看到了“禽兽生活哲学”。1879 年，新罗西斯克大学教授齐托维奇撰写了小册子——《小说〈怎么办?〉里的人物是怎么办的?》，强烈批判小说主人公，认为：“在任何事情上都不能信赖他们……他们对什么事都满不在乎：撒谎、诬蔑、偷盗、动武、杀人。他们的一切全是假的：姓名、签字、护照、结婚、简历乃至死亡。”与此同时，当时的革命民主主义者和社会主义思想先驱对《怎么办?》推崇备至，更是被几代进步青年奉为“生活的教科书”。当代车尔尼雪夫斯基研究学者杰姆琴科通过文选《尼·加·车尔尼雪夫斯基：赞成与反对》，完整搜集了车氏同时代人对《怎么办?》的观点，并分为赞成派和反对派。支持车尔尼雪夫斯基的有布哈列夫（А. М. Бухарев）（即修士大司祭费多尔）、别尔嘉耶夫（Н. А. Бердяев）、列斯科夫（Н. С. Лесков）、皮萨列夫（Д. И. Писарев），因小说创作的艺术立场太不明确而批判车尔尼雪夫斯基的有托尔斯泰、屠格涅夫及其他一些作家，甚至连同一阵营的赫尔岑对小说的艺术性也持异议。最有分量的批评文章出自“纯艺术”派代表费特［同博特金（В. П. Боткин）联合著述］和斯特拉霍夫（Н. Н. Страхов）。

关于车尔尼雪夫斯基文学创作的研究，特别是《怎么办?》的艺术表现手法及非思想性研究，首次比较清晰地出现是在 1990 年。卢蒙诺夫（Н. К. Лумонов）主编的文集《尼·加·车尔尼雪夫斯基的〈怎么办?〉——历史功能研究》出版，可视为车尔尼雪夫斯基学发展的转折点，其首次冲破意识形态枷锁，从纯美学角度对作家个人形象和《怎么办?》进行考察。2000 年，

---

① 蒋路：《俄国文史采微》，北京：东方出版社，2003 年版，第 48 页。

奥伦堡国立教育大学的维·维·梅热波芙斯卡娅(В. В. Межебовская)在副博士论文《从哲学美学角度看车尔尼雪夫斯基小说〈怎么办?〉中的讽刺手法运用》中，着眼车氏个人思想体系的完整呈现，首次对车氏文艺作品的艺术表达形式进行了全面、系统的分析和梳理，阐述讽刺手法在车氏创作，特别是对现实的批判方面的运用。2001 年，谢尔久琴科(В. Л. Сердюченко)撰文《陀思妥耶夫斯基和车尔尼雪夫斯基的未来学：作为基督替身的公爵梅什金和拉赫梅托夫》，文章研究了先前由于意识形态原因而不能涉及的车尔尼雪夫斯基创作中的"基督意象""圣经中的形象"等。同年，埃特金德(А. Эткинд)写了《旅行的缘由：在旅行和互文中的俄罗斯和美国》，书中把车尔尼雪夫斯基置于跨文化交际视域，把他的文学创作看成整个俄罗斯国家文学文化的一部分，其中《在身体和文本中的性和宗教：当沙托夫没有回来的时候，拉赫梅托夫在哪里?》一章专门讲述车尔尼雪夫斯基作品的主人公，通过研究《怎么办?》中的"美国情节"，作者揭示了车尔尼雪夫斯基哲学构想的特点，也援引了一些材料来佐证车尔尼雪夫斯基和陀思妥耶夫斯基在文艺学方面的对立立场。2006 年，梅特拉索娃(Т. М. Метласова)的副博士论文《车尔尼雪夫斯基小说〈小说中的小说〉的互文性，引起联想的类似物及作者面具》通过答辩，这是对车尔尼雪夫斯基文学作品语言特色研究取得的新成果。

总体上，俄罗斯的车尔尼雪夫斯基研究经历了艰难起步、骤然爆发、持续热潮和全面考察的阶段，现在逐渐显现出多元化、再品味的趋势。多元化主要体现在研究者全方位、多视角、客观地考察车尔尼雪夫斯基的个人形象、文学作品及其蕴含的思想，车氏的乌托邦思想也开始进入学界视野；再品味主要体现在研究者们抛开苏联时期意识形态，开始对车尔尼雪夫斯基及其作品重新审视和解读。今天的车尔尼雪夫斯基学发展之路仍将沿着这样的趋势走下去。

二、我国学界对车尔尼雪夫斯基的研究综述

"五四"前后，车尔尼雪夫斯基开始被中国社会主义思想的先驱代表所知晓。1919 年，田汉在《民铎》杂志发表《俄罗斯文学思潮之一瞥》，称周尔尼塞福斯奇(即车尔尼雪夫斯基，作者注)为"急进派之中坚"，"为严格之批评家"，揭开了中国介绍车尔尼雪夫斯基个人生平、创作及其思想的大

幕。其后，出于文论发展的客观需要以及革命年代弘扬社会主义现实主义思想的目的，文艺理论家周扬开始对车尔尼雪夫斯基文艺美学观和文学批评思想做较为全面的翻译和考察。对车尔尼雪夫斯基的系统性认知始于新中国成立初期，发端于译介领域，繁荣于美学、哲学领域。“前马克思主义时期最伟大的社会主义者”的光环使其在20世纪的中国备受关注，虽然进入21世纪后有逐渐转向、降温的趋势，但因车氏思想中蕴含的丰富政治、社会和美学元素，进一步挖掘其当代价值和现实意义再次进入学界视野。目前已有译著多部，学术论文数十篇，涉及他的文学史、文学批评史、小说史或哲学论文选约十部，笔者拟从三个方面进行梳理：

（一）译介

(1)对车氏作品的翻译和介绍

1949年，周扬翻译了车尔尼雪夫斯基的《生活与美学》，这也为车尔尼雪夫斯基学的中国之路正式拉开了帷幕。蒋路于1953年翻译了小说《怎么办?》。1950年，费明君根据日文版，以《做什么?》为名翻译《怎么办?》；是年另一译本《何为?》问世，译者是罗淑。1995年，中国文联出版社出版了铎耀翻译的《怎么办?》；1998年，在前人的翻译成果基础上，学者魏玲对《怎么办?》进行了新译；1999年，孟庆枢译本《怎么办? ——关于新人的故事》由南方出版社出版，这是目前对车氏最具代表性文学作品的最新汉语注解。1956年，包文棣翻译了《车尔尼雪夫斯基论文学》。1957年，缪灵珠翻译了车尔尼雪夫斯基的《美学论文选》。1979年6月，人民文学出版社出版了周扬翻译的《艺术与现实的审美关系》，该书奠定了车尔尼雪夫斯基的唯物主义美学立场。

(2)对车氏研究作品的翻译和介绍

1950年，曹葆华翻译了普罗特金所著《俄国天才的学者和批评家——车尔尼雪夫斯基》，该书介绍了车尔尼雪夫斯基的革命生平，政治、哲学思想，战斗精神，艺术观及文学创作。1953年，中国人民大学辩证唯物论与历史唯物论教研室翻译了叶夫格拉福夫(B. E. Евграфов)著述的《车尔尼雪夫斯基的哲学观点》一文，文中考察了车尔尼雪夫斯基哲学观点形成的社会和时代背景，详细梳理了其哲学观点的源流、形成和发展，并辩证地对其做出了评价(1957年4月，生活·读书·新知三联书店出版的施潘诺夫主编的《俄国哲学史论文集》收录了此文)。1954年，中国人民大学马列主义关于国家与法权理论教研室翻译了波克罗夫斯基(В. С. Покровский)的《尼古拉·加甫里洛维奇·车尔尼雪夫斯基的国家观点和法权观点》。1956年，韩凌翻译了留里科夫(Б. С. Рюриков)所著《车尔尼雪夫斯基》一书，该书考察了车尔尼雪夫斯基成长的社会历史环境，及其生平、世界观、美学观、艺术观与伟大的爱国情怀。1981年，汝信翻译了普列汉诺夫的《尼·加·车尔尼雪夫斯基》。次年，钟遗、殷桑翻译了波库萨耶夫(Е. И. Покусаев)的《车尔尼雪夫斯基》。1986年，叶芳来等翻译了博戈斯洛夫斯基(Н. В. Богословский)所著的《车尔尼雪夫斯基》，全书共三部分，详细考察了车尔尼雪夫斯基的生平活动，书后附有人物年表，这为中国学者和读者了解车尔尼雪夫斯基其人其事提供了翔实而可靠的资料。1990年，丁履桂、郭镛森翻译了马里宁所著的《俄国空想社会主义简史》，书中独辟一章给“车尔尼雪夫斯基和他的战友们”，简要梳理了他们的乌托邦社会主义思想。1992年，叶瑞安翻译了博戈洛夫斯基的《钦定死刑犯：车尔尼雪夫斯基传》。

2011年，彭淮栋翻译了政治思想史家以赛亚·柏林的力作《俄国思想家》，这是一部系统阐述19世纪俄国知识分子人生命运和思想状况的学术专著，在“俄国民粹主义”一章中，作者在整个俄罗斯和欧洲的历史背景下，着重分析了车尔尼雪夫斯基的思想特征及其所代表的时代精神。作者认为，把《怎么办?》视为艺术品简直“荒诞不伦”，说它是“社会层次的‘乌托邦’”，同时承认《怎么办?》对俄罗斯人的见解有名副其实的划时代影响。

(二)生平、创作及思想研究

(1)文艺美学思想

马莹伯《别、车、杜文艺思想论稿》(1986)，用三分之一的篇幅专门论述车尔尼雪夫斯基，简述了他的生平和思想，详细考察了其唯物主义美学观，并认真梳理了其文艺批评思想，把小说《怎么办?》看作是车尔尼雪夫斯基文学创作中的美学实践，是一本“生活的教科书”，介绍了“新人的故事”，认为《怎么办?》是现实主义与理想主义相结合的光辉典范。刘宁、程正民合著的《俄苏文学批评史》(1992)，专辟第五章来介绍车尔尼雪夫斯基，作者的笔触主要涉及车尔尼雪夫斯基的唯物主义美学观、现实主义文学观及其批评理论与批评技巧，同时简述了《怎么办?》中的“新人”与“多余人”的本质不同点。

苏州大学蔡同军的论文《普罗米修斯的火种——车尔尼雪夫斯基与周扬》(2004)，全面细致地考察了车尔尼雪夫斯基美学的基本内容，阐明其价值和意义，同时着重论述了车尔尼雪夫斯基美学思想对周扬美学思想形成和发展的影响。马晓翙、马家骏所著《俄国文学史略》(2004)，简述了车尔尼雪夫斯基的生平活动及美学思想，作者认为车尔尼雪夫斯基美学思想纵然有时代的、阶级的局限，“但它对当时的现实主义文学起了重要的促进作用，在今天也并没有完全失去意义”①，并专辟一节来介绍小说《怎么办?》，主要分析了小说的思想性、艺术性及拉赫梅托夫形象，称《怎么办?》是“车尔尼雪夫斯基用生命写的小说”。

任子峰的《俄国小说史》(2010)，专辟一节论述车尔尼雪夫斯基，主要从小说与现实生活的关系、想象与虚构、典型与典型化、思想性与艺术性及心理描写层面分析了车尔尼雪夫斯基的小说理论，并详细、全面地介绍了车尔尼雪夫斯基的两部长篇小说《怎么办?》及《序幕》，分析了小说的思想性及艺术性，在肯定前者的同时为后者正名、辩护，作者写道：“《怎么办?》的艺术性曾为很多人所诟病，但是，这样一部表达作者激进的社会观点和道德理想、具有丰富内容和深刻思想性的作品，竟然能够在沙皇政府当局的严密监视下，通过审查机关的重重关卡得以问世，这在很大程度上有赖于作品某些独特的艺术形式。”②

近两年来，车氏文艺美学思想再次成为国内学界的研究热点，研究主题为结合当前中国社会发展背景，对车氏思想进行再论或新论，以及将其置于社会主义现实主义文艺历史进程中，与该领域主要代表人物进行比较和对照分析，着重挖掘车氏思想的当代价值和现实意义。田刚健《“美是生活”抑或“美是生命”——车尔尼雪夫斯基美学意蕴及当代价值再探》(2019)一文，将车氏的美学思想定位为费尔巴哈人本主义美学观和马克思主义实践论美学观的重要中介，强调其参与建构当代中国特色社会主义美学话语体系的合法性地位。

(2)政治、哲学和社会思想

20世纪50年代下半叶，我国著名美学家汝信，先后在《文史哲》《哲学研究》杂志上发表文章，介绍车尔尼雪夫斯基的社会政治观点，将车氏和

① 马晓翙、马家骏：《俄国文学史略》，北京：中国社会科学出版社，2004年版，第95页。

② 任子峰：《俄国小说史》，北京：北京大学出版社，2010年版，第218页。

费尔巴哈、黑格尔的有关哲学思想进行比较研究，开启了对车尔尼雪夫斯基政治、哲学和社会思想的系统性探讨。1957 年，徐毓丹编著的《车尔尼雪夫斯基的经济思想》一书问世，书中介绍了车尔尼雪夫斯基所处的时代、生平及著作，在此基础上考察了车尔尼雪夫斯基对封建农奴制、资本主义、社会主义的看法，梳理了车尔尼雪夫斯基的经济思想，而且运用辩证唯物主义对其进行了评价。1962 年 4 月，陈之骅出版了《车尔尼雪夫斯基》，这本书以车尔尼雪夫斯基生平年代为主线，介绍了车尔尼雪夫斯基的少年时期、大学时期、教师生活及革命活动和牢狱流放之灾，最后还提到了车尔尼雪夫斯基和中国的关系，其关注的重心是车尔尼雪夫斯基的革命思想和活动，说他是"19 世纪俄国的一位伟大的革命民主主义者、俄国无产阶级革命先驱者中最优秀的代表"[①]，《现代人》杂志的"尼古拉三雄"之一。

1986 年 7 月，易漱泉、雷成德、王远泽编《俄国文学史》出版，这本书的第十五章是介绍车尔尼雪夫斯基的，主要关注的是其哲学、社会政治、美学观点，文学批评活动及长篇小说《怎么办?》，对车尔尼雪夫斯基的"合理利己主义"原则、现实主义的美学观点和批评活动等做了简要分析，称其为"一个伟大的革命民主主义者、唯物主义者和空想社会主义思想家"[②]。

赵秋长的《悲欢离合总关情——托尔斯泰和车尔尼雪夫斯基的爱情观》(1993)，大概是中国学者发表在学术刊物上的第一篇考察车尔尼雪夫斯基爱情观的评论文章，作者比较了车尔尼雪夫斯基和托尔斯泰的爱情观，结合史实探讨了车尔尼雪夫斯基的自我牺牲爱情观的形成原因及表现，指出车尔尼雪夫斯基的自我牺牲是"为了赎罪，赎男子的历史罪恶"[③]，文中还提到"生活的教科书"《怎么办?》。

蒋路所著的《俄国文史采微》(2003)，用"《怎么办?》评议录"及"合理利己主义"两章的篇幅，对车尔尼雪夫斯基进行了专门且详尽的介绍。"《怎么办?》评议录"为我们展现了小说自问世之日到 19 世纪末在俄国及西方的评介图景；"合理利己主义"一章全面地分析了车尔尼雪夫斯基合理利己主

---

① 陈之骅：《车尔尼雪夫斯基》，北京：商务印书馆，1962 年版，第 3 页。

② 易漱泉、雷成德、王远泽编：《俄国文学史》，长沙：湖南文艺出版社，1986 年版，第 443 页。

③ 赵秋长：《悲欢离合总关情——托尔斯泰和车尔尼雪夫斯基的爱情观》，《河北师范大学学报》，1993 年第 3 期，第 108 页。

义伦理学说的形成及发展脉络，同时辩证地批判了该学说，指出合理利己主义确实一度产生过广泛的社会影响，“但认为一个笼统的‘利己天性’竟可以把古往今来不同社会中各色人等的行为动机囊括无遗，却也不够科学，一心为私是利己主义，舍己为人也是利己主义，那可就要造成思想混乱，使人难辨是非了”①。

王英娟硕士学位论文《从〈怎么办?〉看车尔尼雪夫斯基的爱情婚姻观》(2009)，以车氏个人爱情观和婚姻生活为切入点，结合《怎么办?》中的情节描写，对车氏关于该问题的观点进行归纳分析，梳理出“爱情不是自然的产物，爱情可以被人控制，对待婚姻应遵循心灵自由、合理利己主义和和平解决危机的原则”的车氏爱情观。

(3)乌托邦思想

童明《自然机器·人性·乌托邦：再论陀思妥耶夫斯基和车尔尼雪夫斯基之争》(2009)，把车尔尼雪夫斯基称为“超级浪漫的俄国人”，认为《怎么办?》是一部以“启蒙运动的理性出发设想人性和未来社会的乌托邦小说”，文中运用对比分析的手法考察了车尔尼雪夫斯基的人性观和乌托邦社会观，批判了他的自然机器观、自然神论以及在此基础上建起的“乌托邦”大厦，认为“车尔尼雪夫斯基和现代性体系对自然和人性的理解”十分贫乏。

单世联《“水晶宫”与现代文化的分裂——重思车尔尼雪夫斯基与陀思妥耶夫斯基之争》(2011)，把车尔尼雪夫斯基乌托邦称为“新人”的乌托邦，对其诞生的社会原因进行了梳理，分析了车尔尼雪夫斯基乌托邦思想的启蒙性、乐观性特点，进而从文化层面对其乌托邦思想的载体——“水晶宫”进行了考察分析等。

金美玲《“水晶宫”与“黄金时代”之辩——车尔尼雪夫斯基、陀思妥耶夫斯基比较研究》(2016)，通过文本分析和对照比较的方法，从美学观、人性观和社会观的角度，对俄罗斯思想史上的两位重量级人物进行再研究，指出二人都具有强烈的救世信念，都致力于建立理想社会。其思想对立只是人文思想不同视域、理想社会不同构想所致，是俄罗斯文化中两种意识形态与精神实质的不同表现形式。文章举证车、陀二人对于打造理想个人、艺术与现实相互关系的观点差异时，所做分析和论点值得商榷。

---

① 蒋路：《俄国文史采微》，北京：东方出版社，2003年版，第62—63页。

中国对车尔尼雪夫斯基的认知主要集中在译介和研究两个领域。译介领域，主要是翻译车尔尼雪夫斯基的作品以及俄罗斯学界的研究成果等，这项工作主要集中在20世纪。研究领域主要是车氏的文艺美学思想；而乌托邦思想近年来也开始走进国内学者的视野，但这方面研究并不系统深入。

综上所述，俄罗斯和我国对车尔尼雪夫斯基的研究已经比较全面，涵盖其个人生平、文学作品、政治思想、哲学观点和文艺美学思想等各方面。同时，我们可以看到，对车尔尼雪夫斯基乌托邦思想的研究还只停留在初尝阶段，尤其是还未曾对车氏乌托邦思想的艺术呈现和完整内涵进行全面系统的考察，车尔尼雪夫斯基研究这块“乐高拼图”中仍然存在主体缺失的问题。

三、本书的写作缘起

苏联解体后，尤其是进入21世纪以来，车尔尼雪夫斯基的乌托邦思想越来越多地受到学界的关注，然而这种关注还不够全面和深入。在俄罗斯，这种关注主要表现在对车尔尼雪夫斯基的乌托邦思想进行笼统的概括，分析其特点；在中国，这种关注主要表现在对其“水晶宫”意象的考察。车尔尼雪夫斯基的乌托邦思想是其思想体系的重要组成部分，对19世纪下半叶的俄国社会思潮及十月革命产生过巨大影响。通过对前人研究成果的分析，我们认为目前缺乏对车尔尼雪夫斯基乌托邦思想全面系统的分析和考察，其乌托邦思想大有可挖掘之处。因此，我们由此入手，希望通过全面深入的分析和研究，向读者展现车尔尼雪夫斯基乌托邦思想的总体面貌，探寻其渊源，考察其发展，剖析其内涵和本质，了解车尔尼雪夫斯基在俄罗斯社会活动、文学史和乌托邦思想史上的地位和作用，也期待从其人其书中获得一些启发，思考其对我们的现实意义。

四、本书的研究思路及主要内容

本书着重对车尔尼雪夫斯基的乌托邦思想进行了挖掘和梳理，从形式和内容两个大的层面展开，研究时代潮流、民族文化传统和个人因素对车氏乌托邦思想形成的影响，分析这一思想在其文学创作中的艺术呈现，探讨该思想对19世纪60年代俄国平民知识分子、列宁等社会主义革命领袖以及后世的影响。全书由绪论、正文五章和结语共七部分组成。

绪论部分梳理课题的研究现状，简述选题动机、研究对象、方法和创新点。

第一章探讨乌托邦的源流，进而考察文学中的乌托邦及俄罗斯文学中的乌托邦。乌托邦理想的现实化发展倾向催生了车尔尼雪夫斯基在罗斯大地构建“人间天堂”的愿望，也坚定了他实现这种愿望的信念。文学乌托邦作品繁荣的两次高峰激发了他文以载道的冲动，俄罗斯文学乌托邦特点的熏染让他选择了以梦境为依托表达乌托邦愿景。

第二章首先介绍车尔尼雪夫斯基乌托邦思想的西方之源。包括启蒙运动、人本主义潮流和费尔巴哈、傅立叶对他的影响。然后考察车尔尼雪夫斯基乌托邦思想的俄罗斯之源，即俄罗斯乌托邦传统、村社文化、文学传统与车氏乌托邦思想的渊源关系。启蒙运动宣扬的自由、平等、博爱和妇女解放引发了车氏关于理想社会和谐人际关系的思考，启蒙运动中催生的科技力量成为其理想社会的发展动力；在费尔巴哈人本主义和“合理利己主义”思想的洗涤下，车氏形成了以人本主义为基础、合理利己主义为依托的乌托邦思想；傅立叶的社会构建思想对他影响深远，让他决心在古老的罗斯土地上建造法郎吉大厦。俄罗斯文化传统里的乌托邦思想是其理想社会的灵感源泉；村社文化在他的乌托邦构想中打下了深刻的烙印；俄罗斯文学传统中的普世主义和理想主义牢牢地俘获了他的心，这强化了他拯救社会的渴望，孕育了他构建理想社会的乌托邦情怀。

第三章以《怎么办?》为例分析车尔尼雪夫斯基乌托邦思想的内涵，包括理想社会中的人，理想社会中的人际关系和理想社会的发展动力。笔者认为，车尔尼雪夫斯基理想社会中的人是通过批判当时俄国现实社会中的“庸俗人”，同时参照业已出现的“新人”和“特殊人”而构建；车尔尼雪夫斯基理想社会中的人际关系是绝对平等、自由且充满爱的，而这种和谐平等的人际关系最直接、最有力的体现是男女平等，男女平等的实现首先要求实现妇女解放，妇女解放思想是启蒙时代精神的产物，也是车氏作为一个男人赎历史原罪的表现；车尔尼雪夫斯基理想社会的发展动力是科技，这是车氏渴望把人从繁重的体力劳动彻底脱离出来的有力“武器”，也是在传统的俄国村社建立法郎吉大厦和水晶宫的必要前提，对科技的崇拜是车尔尼雪夫斯基乌托邦渊源中时代精神的显现，也体现了他天才般的预见能力。

第四章通过对小说《怎么办?》的文本细读解析，挖掘探索车尔尼雪夫斯基乌托邦思想的艺术表现形式。首先，简要阐述表现乌托邦思想的三种艺术形式，明确《怎么办?》中理想社会建构是基于对现实社会的反讽批判；然后，研究反讽在车氏文学创作中的地位和作用，对小说《怎么办?》进行文本分析，全面梳理作家对"庸俗人""洞察一切的男读者"等非"新人"和沙俄专制统治的反讽描写，并分析"序言"一章在《怎么办?》中的讽刺功能，总体呈现当时社会环境和制度的落后、愚昧、庸俗。写作本章时，笔者注意紧扣乌托邦思想的艺术呈现这个主题，重点突出反讽与车氏文论风格的内在逻辑联系，力求彰显出反讽修辞格之于《怎么办?》散发乌托邦气质的重要作用，论证出该小说在内容和形式上如何实现乌托邦建构正题和反题的统一，以充分表现作家的乌托邦精神图谱。

第五章研究车尔尼雪夫斯基乌托邦思想的影响及现实意义，包括对民粹派运动、社会主义革命、俄罗斯文学的影响及现实意义。笔者认为，车尔尼雪夫斯基乌托邦思想对民粹派运动的影响是多维且全面的，如车氏乌托邦思想中的人本主义基石、理想个人和社会的构建及"三劳"思想等，对民粹派运动的发展都有深刻影响；俄国社会主义革命时期的许多优秀革命者身上都或多或少有着车氏乌托邦思想中理想个人的"影子"，列宁更是直言自己在思想成长历程中深受车氏及其《怎么办?》的影响，普列汉诺夫、季米特洛夫等也是如此；车尔尼雪夫斯基以梦境为乌托邦"容器"的表现手法既是传承传统，也为后世的乌托邦创作提供了借鉴，其乌托邦梦境中的"天堂花园"主题对社会主义现实主义文学也有一定影响；车氏乌托邦思想为当下的我们应该做一个怎样的人提供了借鉴，也为我们反思这个价值平面化的时代提供了理论资源，最重要的是为我们建设社会主义精神文明提供了一些启示。

结语总括全文，展望车尔尼雪夫斯基研究前景。

本书通过对车氏乌托邦思想的全面呈现，挖掘出"新人"身上符合实际和逻辑的道德追求、行为规范，希望可以启发当下的人们，特别是我们的青年一代，高扬理想信念，努力成就属于自己的美好梦想和愿景。支撑车氏"水晶宫大厦"的科技元素、环保观念，以及平等、自由意识，契合当前我们的创新、协调、绿色、开放、共享"五位一体"发展理念，为实现社会治理现代化拓宽了思路和方法。

第一章　乌托邦理论探源

乌托邦所描绘的人类生活，可谓在特定历史时期人类社会中居于主导地位的愿望。这种愿望发生在特定领域中并与一定的手段相结合，由此就产生了许多不同类别的乌托邦，如社会乌托邦、科技乌托邦、宗教乌托邦、艺术审美乌托邦、道德乌托邦、政治乌托邦，等等。诚然，上述类别的乌托邦都可以从某个角度反映出乌托邦的精神内涵，但笼统地来谈它们肯定收效甚微，对此，笔者也深感能力不足。所以，我们认为必须在一个统一的层面上来探讨乌托邦。首先我们把乌托邦的研究设定在文学领域，因为乌托邦一词最初主要是作为一种文学体裁出现的，人们经常从文学的角度去理解“乌托邦”，把关于理想社会或未来生活的小说称为“乌托邦式的”。更确切地说，本文以车尔尼雪夫斯基的乌托邦小说《怎么办?》为例来梳理、考察其乌托邦思想。《怎么办?》承载了车氏关于理想社会中的人、人际关系及发展动力的乌托邦构想，表达了当时俄国社会中存在的依靠科技发展推动文明进步、改善生活、培育理想个人及构建完美社会的美好愿景。在考察车尔尼雪夫斯基乌托邦思想的渊源、内涵及影响之前，我们有必要对与乌托邦相关的一些问题进行一番梳理。

下面，我们就沿着乌托邦的源流、乌托邦概念的界定、文学中的乌托邦及俄罗斯文学中的乌托邦这样的顺序，来认识乌托邦及俄罗斯文学中的乌托邦的全貌，进而全面考察车尔尼雪夫斯基的乌托邦思想。

第一节　乌托邦的源流

人类有史以来，从没停止过对理想生活的探索和追求。从某种意义上说，人类的历史就是一部乌托邦发展和演变的历史。乌托邦情结在人类文明史上源远流长，“黄金时代”“世外桃源”“桃花源”“宗教千禧”“天国”“理想城邦”“真空家乡”等都是其表现。虽然“乌托邦”一词系英国人文主义思想家托马斯·莫尔所造，但早在这一名词出现之前，民间传说、哲人、学者的思想和著作中都可窥见乌托邦观念的踪影。赫茨勒在《乌托邦思想史》一书中把乌托邦思想的源头追溯到柏拉图之前的希伯来先知那里，认为他们在面对当时不合理的现实时同样能够审时度势，提出重建社会理想的路径，并勾画出一幅完美的未来图景。一般来讲，古希腊柏拉图的《理想国》可以说是人类历史上第一部系统的乌托邦著作，对后世的乌托邦思想产生了重大影响，他的“理式”也成为后世许多乌托邦建构者的灵感源泉，因此很多研究者一致地称其为“乌托邦之父”。所以，“可以把整个乌托邦文学看作是对这部知名作品的巨大评论”①。

乌托邦的社会史始于 17 世纪，在理想社会游记出现的同时也问世了一批认真论证理想社会建构可能性和必要性的专著。当时，乌托邦这个概念已不再局限于人们对于理想的生活方式所做的艺术性描绘。乌托邦也指这些社会所据以建立的诸种原则(平等、自由、民主等抽象观念)，人们有关理想社会的理论规划，以及与这些虚构的计划所伴生的社会规则和社会制度。这时期的许多政治思想家，如霍布斯、哈灵顿、洛克、卢梭都是柏拉图的模仿者，乌托邦因此发现了它的希腊渊源。他们都力图根据某种抽象的原则来建构一个完美的社会，并打算把它付诸实施。“所有的这些都是为了给理想的政治宪法提供规则典范。他们在文章中定下各种各样的关于人性和社会本性的公理、建议和揣测。然后从中推出或引出这些有关最好的国家或者社会的自然的秩序的普遍的建议和原则。”②此时，乌托邦文学并不在乎乌托邦是否能成为现实，如果有这种想法，那也只是乌托邦文学的一个附带部分。但在 18 世纪，人们思考的中心问题是理想社会的现实化。18 世纪末，去基督化在欧洲日益增强，虽然旧的“孤岛上的乌托邦”仍有回流趋势，却出现了更重要的乌托邦思想分支，摒弃了虚构的背景，并打破了封闭的地域局限性，乌托邦的焦点不再是地点，而是时间，主要是

---

① А. Е. Ануфриев. Утопия и антиутопия в русской прозе первой трети ⅩⅩ в.：эволюция, поэтика. Москва：Моск. пед. гос. ун-т. , 2002, С. 9.

② Krishan Kumar. Utopia and Anti-Utopia in modern times. Oxford：Basil Blakwell press, 1987, C. 25.

未来。根据列努维耶(Ч. Ренувье)的观点，“乌托邦实际上正在由空间(у-топия)向时间(у-хрония)转化”[①]，此时作为文学作品的乌托邦内容上常常是革命理论的延伸和派生。通向乌托邦的路径也从冒险故事转化为政治行动，人们力图把乌托邦变成活生生的政治现实。

19 世纪，随着理想的心理化的发展，社会关注重心向个性自由和自我表达转移，同时在实证科学的发展和进化论观念浮现的大背景下，“乌托邦逐步向乌托邦心理(эупсихия)转化”[②]，此时，它也深刻地向现实的政治运动渗透，使乌托邦进一步从静态的结构转化为动态的格局。乌托邦的发展逐渐经历了从空间到时间，从静态到动态的这样一个转变，其内涵也相应发生了巨大的变化。所以说乌托邦的概念是流变的，历史上人们所描绘的乌托邦也不尽相同。乌托邦概念中的丰富内容，包含了人类生活世界的复杂矛盾及其历史演变过程。

第二节　乌托邦概念的界定

自“乌托邦”一词出现以来，数世纪间，人们对乌托邦的概念众说纷纭，无法给其一个确切、完整的概念。“乌托邦”一词一经问世其含义就处于流变之中，每个思想家都以不同的言说方式来表达自己对它的理解。

俄罗斯学界主要流行“真理论”“理想论”“意识论”“方案论”等。拉马丁(Ламартин)认为：“乌托邦——不是别的，正是为时尚早的真理。”[③]巴夫洛娃(О. А. Павлова)在自己的论文中写道：“‘乌托邦’这个术语意义多样，但在乌托邦学中主流的认识还是将其阐释为社会理想的特殊形式。”[④]沙茨基(Е. Р. Шацкий)指出，乌托邦优先地被看作“文学体裁和思维方式”。根据巴塔洛夫(Э. В. Баталов)的意见，“乌托邦——某种意识类型的化身，也就是人对于可能表现在科学、艺术、哲学及另外的社会意识中的周围世界

---

① И. М. Ненина. Социальный идеал и утопия в культурно-исторических ситуациях общественного развития. Красноярск：Сиб. аэрокосм. акад. им. акад. М. Ф. Решетнева，2004，С. 55.

② 同上。

③ А. Ю. Козлов. Утопия как методология и форма современной социальной критики. Воронеж：Воронеж. гос. архитектур.-строит. ун-т. ，2001，С. 13.

④ О. А. Павлова. Русская литературная утопия 1900—1920-Х гг. в контексте отечественной культуры. Волгоград：Сарат. гос. ун-т. ，2006，С. 21.

的关注类型"①。舍斯塔科夫(В. П. Шестаков)则认为，在文学领域，"乌托邦通常从对现实的批判成长出来，它描绘社会的进一步发展和可能的道路，草拟了各种不同的未来社会方案……'乌托邦'和'乌托邦的'广义上用来表示包含改造社会的非现实的思想、哲学文章和专著"②。库玛认为："乌托邦的概念是与独特的历史情境联系在一起的，当历史情境变化了，乌托邦的内容，甚至形式都会发生变化。"③因此，我们尝试着结合乌托邦的辞典意义(本源意义)及其在历史过程中的演变来真正接近它、认识它、理解它。

按照《辞海》的解释，乌托邦是："拉丁文的音译。源出希腊语 ou(无)与 topos(处所)，意即'乌有之乡'。英国托马斯·莫尔所著《关于最完美的国家制度和乌托邦新岛的既有益又有趣的金书》的简称。1516 年出版。也是作者虚构的社会组织的名称。作者在书中除对当时一些现实问题提出批评(如把圈地运动比作'羊吃人')外，主要是描绘乌托邦，即一个废除私有财产，实行公有制、计划生产与按需分配、人人从事劳动的社会。但这个社会是以农业与手工业为经济基础，并还保留奴隶与宗教。此书是欧洲第一部影响较大的空想社会主义著作。'乌托邦'一词后成为'空想'的同义语。"④

厦门大学的陈侃在自己的硕士学位论文《当代自由主义反乌托邦思想探析》中，详细考察了历史上各个思想流派对乌托邦概念或思想的理解。文章主要选取了自由人文主义者、马克思主义者、曼海姆、反乌托邦的自由主义者及西方马克思主义者来进行研究论述。自由人文主义者是一群具有学院派风格的乌托邦研究群体，其中的代表人物及作品主要有莫里兹·考夫曼的《乌托邦》(1879)，刘易斯·芒福德的《乌托邦的故事》(1922)，赫茨勒的《乌托邦思想史》(1923)等，他们继承了启蒙运动以降的主流观念，对"理性、进步、进化、自由、平等"等怀有崇高信念。总体上，他们对乌托邦是又爱又恨，一方面他们支持、欣赏乌托邦思想中所包含的积极向上的力量，另一方面，他们又对乌托邦思想中暗含的转化为"革命""灾难"的

---

① А. Е. Ануфриев. Утопия и антиутопия в русской прозе первой трети ХХ в.：эволюция, поэтика. Москва：Моск. пед. гос. ун-т. , 2002, С. 12.

② В. П. Шестаков. Эсхатология и утопия. М.：Владос, 1995, С. 33-35.

③ 陈侃：《当代自由主义反乌托邦思想探析》，厦门大学 2008 年硕士毕业论文，第 11 页。

④ 夏征农主编：《辞海》，上海：上海辞书出版社，1999 年版，第 211 页。

潜在可能感到惶惑和恐惧。赫茨勒的话可被看作是该流派对乌托邦思想的精练表达。赫茨勒指出，乌托邦思想的含义是，“依靠某种思想或理想本身使之体现在一定的社会改革机构中以进行社会改革的思想”[①]。马克思主义者既是未来美好乌托邦社会最强有力的代表，同时又对“乌托邦”提出了最猛烈批判。马克思和恩格斯对乌托邦的论述主要见诸对乌托邦社会主义的批判中。乌托邦发展到此时含义已有所改变，不再是曾经的“乌有之乡”，而是通过阶级斗争的胜利来构建的完美社会。马克思主义认为，历史的进程是由物质运动规律事先决定的，无须再通过乌托邦方案进行设计。乌托邦概念自曼海姆起发生了逆转，乌托邦第一次被界定为某种可以实现的观念。曼海姆认为，只有转化为行动并部分或全部地动摇现存统治秩序的时候，它们才被看作是乌托邦的，乌托邦之所以为乌托邦，就在于它能通过一定的行动不断地实现自我。在后来的反乌托邦自由主义者那里，乌托邦常被认为保有极权主义的因素，所以对其强烈批判。西方马克思主义者对乌托邦概念的理解与传统相比已有重大改变，改变主要体现在抛弃了传统乌托邦概念中虚无缥缈的性质。他们大都对乌托邦持乐观主义的态度，宣布乌托邦是可能性与想象性的统一。[②]

综上所述，我们认为，乌托邦是一种社会理想，它是在现实基础上对现实的反叛，是可能性和想象性的统一。此处，我们想强调的是，不能简单地把“乌托邦”与“空想”视为同义语，更不能把乌托邦与实干看成是二元对立关系。因为，根据上文的分析我们知道，“乌托邦是为时尚早的真理”，实现它的可能性是存在的，当我们探讨俄罗斯这样一个注重实践理想的民族之乌托邦思想时，更应审慎对待。本文中，我们在考察乌托邦主义者的社会主义思想时，采用“乌托邦社会主义”这个术语。长期以来，国内学界把“utopiasocialism”(утопический социализм)译为“空想社会主义”，而“空想社会主义”指的是“一种不具有现实性的改造人类社会的社会主义理想”[③]。这与 utopia 的原义不是十分贴切，也不符合本文对乌托邦的定义。

① 赫茨勒著，张兆麟译：《乌托邦思想史》，北京：商务印书馆，1990年版，第4页。

② 陈侃：《当代自由主义反乌托邦思想探析》，厦门大学2008年硕士毕业论文，第12—17页。

③ 夏征农主编：《辞海》，上海：上海辞书出版社，1999年版，第508页。

第三节　文学中的乌托邦

文学对现实世界的艺术塑造，反映了作家人文视角下的人类生活状态。特定历史时期的文学作品，是见证人类历史文明发展的艺术“化石”。正如怀特海所说，“人性的具体外貌唯有在文学中才能体现出来。如果要理解一个世纪的内在思想，就必须谈谈文学……”①。反观乌托邦思想发展演变进程，乌托邦文学一直扮演着重要角色。最早的乌托邦思想起源于文学作品，经典的乌托邦思想首创于文学作品，甚至经典的反乌托邦思想也生发于文学作品，以至于乌托邦文学成为一种独特的表达理想社会构想的文学样式，成为乌托邦思想寄居和发展的重要载体。所以，认真地研究乌托邦文学有助于更好地理解乌托邦思想的发展脉络和内涵实质，从而更深刻地理解人类社会在文化和制度层面的发展变迁。这无疑具有重要的思想史和文化史意义。

特定文学类别内的乌托邦作品，是对社会中的人、人际关系、发展动力及它们之间相互关系的反映，揭示的是上述社会要素在人文领域的发展变化。文学中的乌托邦作品既是作家乌托邦思想的载体，也是其表现。而作家是历史中的人，他的思想认识会随着时代、社会的变化而变化，所以乌托邦思想是时代的产物，乌托邦思想的文学实践也就是时代的产物，它们的形成受时代精神的影响。乌托邦理想在相异的时代会呈现出不同的内涵。一些乌托邦设计对于一个时代来说是理想，在另一个时代看来可能是不幸。同时，乌托邦作品是具有民族特色的文学产物。世界上各民族有着各自独特的精神文化品格，在文学作品中也有不同程度的体现，乌托邦作品也不例外。因为，一个作家不可能脱离本民族的文化土壤，即使作家的创作形式各异，但同一民族的作家创作的根和魂相同，同属该民族的历史文化传统。所以，不同民族的乌托邦作品在内涵上会有所不同。对西方社会是绝对美好、完善的事物，在东方社会看来可能是离经叛道、一文不值的东西。除此之外，作家个人的经历、创作个性在乌托邦作品中也有体现。同时代、同民族的作家，可能会创作出完全不同的乌托邦作品，对理想社会蓝图的设计也截然不同。

---

①　怀特海著，何钦译：《科学与近代世界》，北京：商务印书馆，1989年版，第73页。

在文坛上，乌托邦文学曾经出现过两次创作的高峰，第一次高峰出现在地理大发现时期；第二次则出现在19世纪末期，欧美资本主义飞速发展的年代。文学中乌托邦作品的第一次大量涌现是由地理大发现促成，这个时期乌托邦作品的内容载体大多是旅行，即一个旅行家，偶然前往一个不为人知的国度，进而发现那是一个完美的理想社会。该时期的乌托邦代表作品有英国托马斯·莫尔的《乌托邦》(1516)、意大利康帕内拉的《太阳城》(1601)、德国安德里亚的《基督城》(1618)三大乌托邦小说以及培根的《新大西岛》(1627)。总体来看，该时期的乌托邦作品带有鲜明的批判色彩。如乌托邦文学体裁的奠基之作——《乌托邦》虽然是对乌托邦这个理想国的描述，但它建立在批判亨利八世及其统治下的英国社会的基础上，正如书中的拉斐尔所说："他们宁可不从事光荣的和平活动。他们更关心的，是想方设法夺取新的王国，而不是治理好已获得的王国。"[①]《基督城》对现实的社会制度也持批判态度："正如基督城由于严守正义而显得尊严和极其繁荣一样，世俗的城市却在软弱无力和邪恶的支配下一天一天地消亡下去。"[②]三大乌托邦小说所描绘的完美社会都是实行共产制度。在乌托邦内没有货币，但对外以金银交易，柏拉图的《理想国》描绘的情况亦是如此。太阳城的居民同样过着共产的生活，"一切产品和财物都由公职人员来进行分配"[③]。"基督城"则以宗教的博爱精神为根基建国，国家的全部财产由全体人民共同占有，"所有制造出来的东西都送到有篷的公共货摊里去……这里，没有一个人有金钱，即使私人有钱，也没有什么用处"[④]。除此之外，三大乌托邦小说描绘的理想社会特别重视品德教育；司法制度方面并没有太复杂的法律条文；日常生活方面有许多烦琐的规定和固定的模式。值得指出的是，培根的《新大西岛》并没有对现实世界进行批判，而是转向借助科技的力量构建理想社会。作家可谓科技崇拜的绝对践行者，在《新大西岛》中勾勒出一幅科技主宰一切的理想国图景。

文学乌托邦作品涌现的第二次高峰是在资本主义飞速发展的氛围下出现的。19世纪后半叶，欧美老牌资本主义国家纷纷向帝国主义过渡，它们对内残酷剥削，对外疯狂掠夺，这加速了阶级矛盾的激化。在这种大背景

---

① 托马斯·莫尔著，戴镏龄译：《乌托邦》，北京：商务印书馆，2010年版，第16页。
② 安德里亚著，黄宗汉译：《基督城》，北京：商务印书馆，2010年版，第54页。
③ 康帕内拉著，陈大维等译：《太阳城》，北京：商务印书馆，2007年版，第10页。
④ 安德里亚著，黄宗汉译：《基督城》，北京：商务印书馆，2010年版，第30页。

下，出现了乌托邦文学创作的第二次高峰。其中，具有代表性的乌托邦作品有美国贝拉米的《回顾》(1888)，英国莫里斯的《乌有乡的消息》(1890)及威尔斯的《现代乌托邦》(1905)等。这一时期的乌托邦作品除了对理想社会的憧憬外，也无情地抨击了现实社会的丑陋百态，并且对劳动都持肯定态度；与第一次高峰时期的乌托邦作品相比，它们更强调人性本善和博爱精神。总体来讲，文学中的乌托邦作品是时代精神、民族特性和作家创作个性三者共同作用的产物，西方文坛乌托邦作品的发展脉络对此也有所印证。下面我们将沿着这一思路对俄罗斯文学中的乌托邦进行一番梳理研究。

第四节　俄罗斯文学中的乌托邦

从广义乌托邦文学的角度来看，俄罗斯文学拥有大量的乌托邦资源。早在正式文学出现以前，民间传说、神话故事和宗教题材的诗歌中就出现了乌托邦思想的萌芽。到了18世纪，乌托邦文学开始以各种形式出现，比如当时具有浓厚乌托邦思想的“国家小说”、启蒙文学、斯拉夫派的创作等。进入19世纪，乌托邦文学创作达到高峰，其中包括十二月党人的创作，文学经典中关于乌托邦与反乌托邦思想的讨论，讽刺乌托邦的作品等。20世纪，反乌托邦文学大行其道，出现了世界上第一部反乌托邦小说，许多经典作家都致力于对乌托邦的反思，这种反乌托邦的情绪一直持续到世纪末。从更广泛的意义上讲，俄罗斯文学本身就具有浓厚的乌托邦性，它的一个重要特点是深切的社会政治关怀，即为千千万万的劳苦大众探寻人间天国而努力。一些经典作家，诸如果戈理、屠格涅夫、车尔尼雪夫斯基、陀思妥耶夫斯基、托尔斯泰、布尔加科夫、普拉东诺夫、帕斯捷尔纳克等，都通过自己的文学创作表达了深刻的乌托邦或反乌托邦思想，极大地影响了俄罗斯民族文化心理和俄罗斯现代国家的形成。

俄罗斯乌托邦思想研究者利奥库莫维奇(Е. А. Лиокумович)指出，乌托邦是“精神创作的独特建构类型，每个民族、每一代人都致力于创造符合自己国家、文化、历史传统，时代精神和文明水平的‘梦想岛’”①。需要

① Е. А. Лиокумович. Диссидентская утопия в советском культурном пространстве. Ростов-на-Дону: Рост. гос. ун-т. , 2005, С. 36.

指出的是，乌托邦主题在俄罗斯精神文化史上占据着特殊的地位，从名不见经传的民间传说创造者到杰出的思想家、著名作家、艺术家和诗人都对它情有独钟。

乌托邦主题渗透到俄罗斯文化的每一个角落。列昂尼德(Э. Леонид)和米舍利(Н. Мишель)在《俄罗斯乌托邦史》一书中写道，俄罗斯的"乌托邦领域"是无界限的。在古罗斯的文学纪念碑上我们可以发现对"天堂"或"神赐之地"的叙述；在中世纪的社会意识中也可以窥见乌托邦的身影，如理想化的"神圣罗斯"，"莫斯科——第三罗马"，等等；在启蒙时代，"俄罗斯是第四帝国"[①]的概念流传甚广；更不必说 19 世纪俄罗斯文坛的那些经典乌托邦著作。俄罗斯首批"完美社会方案"的问世比西欧要晚得多。托马斯·莫尔和康帕内拉的经典乌托邦作品出现在文艺复兴时期，而俄罗斯乌托邦文学作品的"破茧而出"已经是 18 世纪的启蒙运动时期。在俄罗斯乌托邦文学作品的发展之初，大量借鉴西欧"前辈"也就是不言而喻的事情；然而在 19 世纪，俄罗斯乌托邦获得了有别于西欧传统的独特面貌。

俄罗斯乌托邦的特色依托于其哲学思想的特点，而俄罗斯哲学思想的首要特点是，西欧抽象"理性"与东方基督教具体神人类逻各斯[②]的斗争。如果西欧乌托邦的中心主题是寻找改造社会的理性途径，那么俄罗斯乌托邦的主要目的就是，按照社会道理(真理和公正的统一体)组织安排人的生活。乌托邦思想研究者切尔特科娃(Е. Черткова)尤其关注俄罗斯乌托邦的宗教内在主义这个特点，即相信实现内在于人和世界中的宗教完善是可能的。利奥库莫维奇(Е. А. Лиокумович)在自己的论文中，还总结了俄罗斯乌托邦的另一特点——"巫师的忧虑"，也就是直接影响生活、历史进程的问题。巫师主题的提出始于别林斯基，然后它便深深扎根于俄罗斯的社会政治激进主义运动中，它尤其鲜明地体现在恰达耶夫(П. Я. Чаадаев)的创作中，他在道德律法的实现中看见了历史的终极目标。同时，弥赛亚主义与巫师主题紧密相连。此处，社会难题与宗教难题吻合，其表现是通过世俗手段来构建完美社会从而拯救全人类。俄罗斯哲学中道德对理性的战胜决定了乌托邦找寻的基本方向。总体上，俄罗斯乌托邦按照以下三个方向

---

① Е. А. Лиокумович. Диссидентская утопия в советском культурном пространстве. Ростов-на-Дону: Рост. гос. ун-т. , 2005, С. 36.

② 逻各斯在希腊语中意为言语、理性、逻辑和上帝之言。

发展：第一，宗教神秘方向，这主要表现在乌托邦思想深刻地渗透到社会意识及俄罗斯思想家的哲学体系中；第二，艺术和智力方向，这主要表现在乌托邦艺术方案的涌现；第三，文学作品方向，这主要表现在创作带有乌托邦特点的文学作品。当言及俄罗斯文学乌托邦的时候，文学乌托邦范式的体裁及社会特点的多样性足以说明其在俄罗斯文学传统中的光辉地位。

俄罗斯文学乌托邦出现于 18 世纪。它的发展远晚于西欧，在体裁的多样性、作品的质量和数量上都逊色于西欧。界限的不清晰、溶解于其他文学体裁是俄罗斯文学乌托邦的主要特点。从某种意义来说，俄罗斯文学乌托邦的出现是俄社会意识成熟的表现：乌托邦的出现是对现实社会批判思考的回应，是对社会理想的呼唤，也是对未来社会的预见。文学乌托邦反映社会意识、艺术文化的发展水平，反映社会理想的成熟程度；它是世界具象—抽象反映的形式，此时存在的有意对分性被消除了。文学乌托邦是维护创造性想象的正式辩解，它可以自由地战胜理想和现实之间的分离，同时构型理想社会图景，创建未来的社会理想，且用特别艺术的手段证明其实现的可能性。俄罗斯乌托邦作品可以按作者的社会阶层属性分类，如十二月党人、斯拉夫派、民粹派等；也可按形式(乌托邦是否是独立的作品)分类，如国家小说，一部作品的片段、章、节等。从 18 世纪流行的“国家小说”到十二月党人、启蒙思想者的启蒙乌托邦，再到斯拉夫派的乌托邦和 19 世纪下半叶的乌托邦社会主义、讽刺乌托邦及至 20 世纪的反乌托邦，各种作品不胜枚举，由此也可见，乌托邦文学体裁在俄罗斯文学中的流行和地位。

俄罗斯乌托邦建构方案往往以中篇、长篇或大部头作品的最后片段为载体这一事实发生在 18 世纪下半叶。因为该时期，莫尔的《乌托邦》及其他一些西欧作家的乌托邦小说译本在俄罗斯出版。所以，这一时期的俄罗斯乌托邦文学作品广泛借鉴、运用西欧乌托邦文学作品中的情节及艺术手法。尽管如此，它们还是间接地反映了俄罗斯的社会生活。值得指出的是，“与西方乌托邦小说中主人公用行动来实现或企图实现自己的理想迥异的是”①，大多数乌托邦作品都选择了以梦境的形式来展开对完美社会的

① 郑永旺：《反乌托邦小说的根、人和魂——兼论俄罗斯乌托邦小说》，《俄罗斯文艺》，2010 年第 1 期，第 4—5 页。

描述。正是乌托邦“梦境”可以让作者窥见未来。对于很多俄罗斯作家来说，梦是时间旅行——从现在穿梭到过去的理想手段。苏玛罗科夫(А. П. Сумароков)的《幸福社会》，拉季谢夫的《从彼得堡到莫斯科游记》，乌雷贝舍夫(А. Д. Улыбышев)的《梦》，以及车尔尼雪夫斯基的《怎么办?》中韦拉的第四个梦和陀思妥耶夫斯基的《一个可笑人的梦》都是践行这一手法的乌托邦作品。

俄罗斯 18 世纪的剧作家苏玛罗科夫利用该手法，创造了《幸福社会》(1759)之梦，并借主人公的梦境来阐释他对幸福社会的体认。梦中，作者看见了一个“不现实的国度”——某个“幸福的君主制国家”，统治国家的沙皇十分关心“全民的利益”。国家委员会由最有智慧的人组成。对这个社会里的人的评价不是依据出身，而是依据个人功绩。苏玛罗科夫笔下的幸福社会是对作家生活时代的社会现实的反叛。寄生、贿赂、官僚主义是困扰俄罗斯的永恒难题且屡禁不止，作家同时在梦结束时向读者暗示：“我要是多梦一点该多好啊；但是我就住在钟楼的正下方；一开始鸣钟，我就被叫醒了，我的这次最美好的预见也会消失。”①拉季谢夫的著名中篇小说《从彼得堡到莫斯科游记》(1790)也记述了主人公在听完一个流浪者苦难遭遇后所做的梦，梦中，“我”是“沙皇、沙赫、大汗、英国的国王、贝伊、印度的富翁、苏丹，总之我拥有坐在王位上帝王的所有称号”②，“我”可以按自己的设想管理国家，让天恩惠泽所有的人。但这毕竟是一个梦，所以在章末，小说借“我”之口说出了普通人的愿望，“如果你是世界的统治者并读到了我的梦，尽管可能会轻蔑一笑或皱皱眉头，但你应该知道，我看到的那个流浪者正在远离你而去，因为他厌恶了你豪华的宫殿”③。乌雷贝舍夫的《梦》(1819—1829)归属于所谓的十二月党人乌托邦。这部作品描绘了十二月党人的基本愿望。作家笔下的理想社会存在于三百年之后，是一个没有专制、没有农奴制、人人自由的社会，俄罗斯俨然是一个独特且繁荣的国家。但是沉睡的乌托邦分子被号角声和被拖进警局的醉汉的叫喊声惊醒。乌雷贝舍夫以“我认为，我的梦的实现还很遥远”④结束了自己的乌托邦故事。在陀思妥耶夫斯基的艺术创作中未来往往是十分复杂的，处于悲

---

① 转引自 http：//media. utmn. ru/library view book. php? chapter num=7&bid=483.

② А. Н. Радищев. Путешествие из Петербурга в Москву. СПб.：Наука，1992，С. 37.

③ 同上书，第 51 页。

④ А. Д. Улыбышев. Сон / Декабристы и их время. М.：Б. и.，1928，Т. 1，С. 57.

剧性的矛盾之中。人类“黄金时代”的思想总是困扰着陀氏。他也时刻被一个问题折磨着，即人能否进入“黄金时代”那种完全的安宁闲适和美丽、自然的状态，抑或是直接的物理毁灭，所有道德和文化价值的沦丧在等待着人类。“在陀思妥耶夫斯基那里，这总是梦、梦境或呓语。”①不是拉斯科尔尼科夫在呓语中谛视未来社会的两个方案，就是斯塔夫罗金做了一个充斥着凶残、暴力的怪梦——永恒的令人苦闷不堪的孤寂到来之前人类幸福时光的最后一天。“黄金时代”悲剧性二律背反一方面是末世论，另一方面是乌托邦和灾难，这是陀氏创作的典型特点，也是其历史哲学的两极。陀氏憧憬着乌托邦的“黄金时代”，认为它的到来是可能的，即使只是对未来的憧憬也将帮助人们找到个人生活的意义。陀氏在自己的作品中极力表现，只有构成个人道德面貌的永恒价值才能赋予个人存在于地球的最高永恒意义。所有人和每个人的幸福、自由和美是陀氏思索的对象。

从广义上说，俄罗斯文学整体上就带有乌托邦性质。无数的作家为了人类的幸福不断地寻找理想的社会制度和构成这个制度的理想主体——人。果戈理和托尔斯泰都认为社稷的改变归根结底在于人的自我完善，尽管果戈理并没有找到理想的人，但他播下了乌托邦的种子，其后的屠格涅夫、车尔尼雪夫斯基、涅克拉索夫都通过自己的创作为俄罗斯社会寻求理想的人。

探讨俄罗斯文学中的乌托邦作品，我们无法绕开车尔尼雪夫斯基的《怎么办?》(1863)。它是19世纪俄国最经典的乌托邦文学作品，其影响范围之广、程度之深远至今无法估量。车尔尼雪夫斯基在时代精神的基础上，吸收本民族优秀文化传统，进而创作了这部乌托邦作品，它也延续了俄罗斯文学中乌托邦作品的惯用表现手法——梦。在女主人公韦拉的梦中，车尔尼雪夫斯基勾勒了一幅个人全面、自由、和谐发展，科技高度发达，只有春天和夏天的理想社会。《怎么办?》呈现了车尔尼雪夫斯基的乌托邦理想，也表现了车氏想把乌托邦理想社会化的渴望。在韦拉的第四个梦的结尾，作家发出了最强的呼喊：“未来就是这样，未来是光明的、美好的。爱它吧，奔向它，为它工作，促它早日到来，尽可能使它成为现实

---

① Е. А. Лиокумович. Диссидентская утопия в советском культурном пространстве. Ростов-на-Дону：Рост. гос. ун-т. ，2005，С. 44.

吧。”[1]梦可以让乌托邦小说任意驰骋在想象的空间之维，跨越任意的时间之度。特殊的空间能让偶然闯入的游客(主人公)深感诧异。俄罗斯学者舍斯塔科夫在认真分析俄罗斯文学乌托邦的内容和形式特点后，认为是以下两个原因催生了利用梦境为载体进行叙述这一现象：第一，受迫于沙皇俄国严格的书报检查制度。作者以梦境的形式来表现自己理想中的未来社会，不会担负什么严重的责任，也不必考虑会给自己带来什么后果。何谓乌托邦？乌托邦就是对现实社会的一种反叛，乌托邦作品的内容自然会映射当时社会的黑暗，如果以太直接的形式表露，不但作品不会有公开发表的机会，连作者本人也可能受牵连。第二，在感受理想与现实的差距时，俄罗斯思想家往往比其西欧同人要敏锐得多。对于西欧哲学家、文学家来说在近期的历史发展进程中可能实现的(旅行者讲述现存社会的一些细节)，对于俄罗斯乌托邦分子来说，是只能在遥远的未来才能实现的梦想。[2]

综上所述，俄罗斯乌托邦传统不像西欧那样拥有坚实的历史根基。彼得大帝强劲的改革之音惊醒了沉睡的俄罗斯思想家们，他们开始熟悉西欧传统，借鉴俄罗斯不曾有过的思想表达形式，这使得俄罗斯乌托邦具有西欧色彩的“壳”。但毋庸置疑，俄罗斯乌托邦的“核”是本民族的，这是它们的民族精神气质，其具体表现为对真理的追寻，西欧派和斯拉夫派持续的论争，以及对村社社会主义的向往。从某种意义来说，俄罗斯文学乌托邦的出现是俄社会意识成熟的表现：乌托邦的出现是对现实社会批判思考的回应，是对理想社会的呼唤，也是对未来社会的预见。

车尔尼雪夫斯基的乌托邦思想“骨子”里透着俄罗斯乌托邦传统的气息。车氏乌托邦思想有着浓重的西方烙印，这既表现在思想渊源，也流露在内涵实质；但其乌托邦思想的内核依然是俄罗斯的，对真理、对和谐社会的追寻，对古老村社的向往都是其具体表现，作家对乌托邦“容器”的设定方面也沿袭了经典的俄罗斯形式——梦境。在本章我们明确了乌托邦的概念，知晓了整个世界文学中的乌托邦发展历程，厘清了俄罗斯文学中的乌托邦道路。在这样的大背景下，我们对车尔尼雪夫斯基乌托邦思想有了初步的认知，揭开了其神秘的面纱。

---

① 车尔尼雪夫斯基著，蒋路译：《怎么办?》，北京：人民文学出版社，2019年版，第468页。

② В. П. Шестаков. Эсхатология и утопия. М.：Владос，1995，С. 40-41.

第二章 车尔尼雪夫斯基乌托邦思想的渊源

乌托邦思想的形成与发展是时代精神、乌托邦思想者生活的民族文化传统及其创作个性三者共同作用的结果。在上一章我们已经知道，人类乌托邦思想发展到18、19世纪的时候，展现出了一种全新的面貌；车尔尼雪夫斯基的乌托邦思想正是在科技和进步的世纪精神、本民族的文化和乌托邦传统的渊源流变中应运而生，我们把这些渊源总体划分为西方之源和俄罗斯之源。下面，就让我们循着车尔尼雪夫斯基乌托邦思想的来路做一番深入的考察。

第一节 西方的影响

一、启蒙运动的影响——平等、自由、博爱、妇女解放、科技崇拜

启蒙运动，通常指在18世纪初至1789年法国大革命之间一个新思维不断涌现的时代，与理性主义等一起构成一个较长的文化运动时期。法语中，“启蒙”的本意是“光明”。启蒙思想家们认为，到目前为止，人们处于黑暗之中，应该用理性之光照亮黑暗中的人们，把他们引向光明。由启蒙思想家创立的各种学说、流派纷纷出现，他们积极地批判专制主义和宗教愚昧，宣传自由、平等和民主。值得指出的是，妇女解放运动及女权主义也是发轫于该时期。这个时期的启蒙运动，覆盖了各个知识领域，如自然科学、哲学、伦理学、政治学、经济学、历史学、文学、教育学等等。启蒙运动同时为美国独立战争与法国大革命提供了理论框架，并且导致了资

本主义和社会主义的兴起。

启蒙运动的兴起有其深刻的时代和社会背景。从时代发展层面看，自文艺复兴以降，自然科学和实证科学取得了长足的发展，科学向人类展示了它的巨大进步力量。很多自然界原来无法解释的奥秘都被一一破解，教会的许多说教和对世界的蒙昧主义阐释不攻自破，人们对自己、对未来充满了信心。从社会思想层面看，随着资本主义的发展，新兴资产阶级要求摆脱封建专制统治和教会压迫的愿望日益强烈，随即，他们首先在思想领域展开了反对封建专制统治和教会思想束缚的斗争，由此掀起了一场轰轰烈烈的空前的思想解放运动。所以，启蒙运动也是一场反封建、反教会的资产阶级思想文化解放运动，它为资产阶级革命做了思想准备和舆论宣传，是继文艺复兴运动之后欧洲近代第二次思想解放运动。

启蒙运动发轫于 18 世纪的欧洲，最初兴起于英国，尔后发展到法国、德国与俄国，此外，荷兰、比利时等国也有波及。与其他国家相比，在思想家的数量、影响的深远程度、战斗性的强度，法国的启蒙运动当之无愧地是西欧各国启蒙运动的光辉典范，也是启蒙运动的中心。启蒙运动在俄国的展开也主要是师从法国，这与一位伟大的俄国女皇的名字是分不开的，她就是叶卡捷琳娜二世。叶卡捷琳娜二世在年轻的时候热衷于法国启蒙思想家伏尔泰、狄德罗和孟德斯鸠的作品，向往制定一部适合所有人的“公允法律”。她竭力效仿那些推行“开明专制”政策的欧洲国家模式。按照她的意图，国家首脑应当是一位“王位上的贤人”、艺术的庇护者和全民族的救星。1767 年，为了重新审议俄国法律，法典委员会开始展开工作。除农民外，国民中所有阶层都有代表参加法典委员会。叶卡捷琳娜二世亲自为委员会编写了《圣谕》，其中广泛使用了西方先进思想家的思想。[①] 当时西方先进的思想家主要是法国启蒙思想家。叶卡捷琳娜二世的开明专制在俄国最终还是未能实现，但启蒙思想的传播启迪了当时俄国进步人士的思维，鼓舞了一代代的俄国青年矢志奋斗，唤醒了俄国大众的公民意识和民族自决意识，从某种程度上，也弥补了席卷欧洲的文艺复兴运动未能波及俄国的缺憾。

车尔尼雪夫斯基把一生都奉献给了反对封建专制和沙俄农奴制的运

① 戴桂菊、李英男主编：《俄罗斯历史》，北京：外语教学与研究出版社，2005 年版，第 181 页。

动，他视解救劳苦大众、解放女性为己任，更是渴望在罗斯大地上建立人间天堂。声势浩大的启蒙运动及其宣传的思想成了车尔尼雪夫斯基的有力武器。虽然，普遍认为启蒙运动至 1789 年法国大革命就终结了，但它所宣扬的“人的主体性和理性至上”、“三权分立”、共和政体、自由平等的“天赋人权”及“自然教育论”等思想是不可能终结的。这些思想对生活在 19 世纪的车尔尼雪夫斯基的思想、哲学及文学立场的形成都产生了至关重要的影响。车尔尼雪夫斯基学识渊博，尤其酷爱历史学科，因此，他对启蒙运动及其内容、法国革命史等重大历史事件都是耳熟能详。启蒙运动宣扬人的主体地位对车尔尼雪夫斯基人本主义思想的形成有一定的影响；理性至上、“天赋人权”、平等、自由、博爱这些字眼总是让他激动不已，也是激励他毕生都奉献给建立这样一个“理性王国”的座右铭。启蒙思想家卢梭、爱尔维修、孟德斯鸠等所提倡的“自然教育论”在车尔尼雪夫斯基世界观的形成过程中扮演着至关重要的角色。在车尔尼雪夫斯基的作品、日记、信札和言论中时常有意或无意地流露出启蒙思想的痕迹。车尔尼雪夫斯基就曾在日记(这是说明作家精神世界发展的最好材料)里写道：“我开始想：共和国是真正的、对成年人说来是唯一有价值的整体，并且它当然也是国家的最后形式。这种见解是从法国人那里获得的。”[①]在萨拉托夫中学教授文学课时，他也曾热情洋溢地对学生讲述法国资产阶级革命。在《怎么办?》中，车尔尼雪夫斯基认为，玛丽娅・阿列克谢夫娜沦为“庸俗人”之流不是她本性不善，而是后天的社会环境和社会制度所致，并借洛普霍夫之口说道：“眼前您在干坏事，因为您的环境要求您这样，给您另一个环境，您也高兴做个无害甚至有益的人。”[②]所以，车尔尼雪夫斯基决心在古老的罗斯大地上构建地上天堂。受启蒙运动影响而形成的车尔尼雪夫斯基乌托邦思想内涵中的妇女解放和科技崇拜，我们将在下一章详细考察。

二、西方人本主义潮流和费尔巴哈的影响——人本主义、合理利已主义

自 15 世纪文艺复兴以降，人逐渐成为世界乃至宇宙的核心与最高目

① 转引自留里科夫著，韩凌译，胡平校：《车尔尼雪夫斯基》，北京：作家出版社，1956 年版，第 21 页。

② 车尔尼雪夫斯基著，蒋路译：《怎么办?》，北京：人民文学出版社，2019 年版，第 181 页。

的。19 世纪瑞典思想家 J. C. 布克哈特有句名言：文艺复兴"发现了人和发现了世界"。[①] 前者使人从神学束缚下解放出来，探索人的生存、人的价值和人性，为以研究人的主体性为基础的人文科学的发展开辟了道路；后者使人"回归"自然，研究自然，为自然科学的发展开辟了道路。随之而来的是人本主义哲学在西欧的骤然兴起。自启蒙时代以来，在理性主义光芒的烛照下，人被定义为一种理性的动物，他光明、美好，富有理性，无所不能[②]。人作为宇宙万物中心的地位更加巩固，人是万物的衡量尺度。近代启蒙思想家继承了古代和文艺复兴时期人本主义[③]的传统内涵，并且加以发展。

人本主义哲学在近代的集大成者首推德国人本哲学家路德维希·费尔巴哈。费尔巴哈把人与自然当作他"新哲学""未来哲学"的研究对象，建立了完整的人本主义哲学。"就像德国所有唯心主义哲学家一样，就连费尔巴哈也是从新教神学出发的"[④]，他最初是在海德堡师从黑格尔主义者道布和保罗学习新教神学的，后来他的思想逐渐发生演变。费尔巴哈在总结自己思想演变的过程时说："我的第一个思想是上帝，第二个是理念，第三个也是最后一个是人。神的主体是理性，而理性的主体是人。"[⑤]他的这种颠覆性的思想转变是对近代传统哲学的一次重要变革，其变革的意义，重要一点是对以黑格尔为代表的思辨的理性主义哲学的否定，把哲学的研究从抽象的思辨概念转向现实的人。总体上来看，费尔巴哈的人本主义哲学从人的物质实体与精神实体阐述人性和人的本质，彻底批判了以黑格尔为

---

① 杨寿堪等：《20 世纪西方哲学科学主义与人本主义》，北京：北京师范大学出版社，2003 年版，第 279 页。

② 王宗琥：《俄罗斯恶的花——论维·叶罗菲耶夫及其后人道主义文学创作》，《世界文学》，2010 年第 4 期(总第 331 期)，第 76 页。

③ 《哲学大辞典》给出了如下定义："20 世纪 80 年代以来中国学术界广泛使用的术语。一般在与'科学主义'相对的意义上使用。指某些西方哲学理论、学说或流派。有时亦泛指一种以人为本、以人为目的和以人为尺度的思潮。中国学术界对汉语'人本主义'一词的英文注释不尽一致，有的注 humanism(一般译'人道主义')或 humanism(一般译'人文主义')，有的注 anthropology(一般译'人类学''人本学')或 homonology(一般译'人学')。"而《辞海》直接把人本主义定义为"人本学，泛指任何以人为中心的学说，以区别于以神为中心的神本主义。在哲学上，通常指抽去人的具体的历史条件和社会关系而把人仅仅看作一种生物的形而上学唯物主义学说。"

④ 卡尔·洛维特著，李秋零译：《从黑格尔到尼采》，北京：生活·读书·新知三联书店，2006 年版，第 93 页。

⑤ 费尔巴哈：《费尔巴哈哲学著作选集》上卷，北京：商务印书馆，1984 年版，第 247 页。

代表的一切唯心主义理论及各种宗教神学思想，试图让“人学上升到神学”[①]，并且以“人本主义”恢复唯物主义权威，但由于其形而上学的思维方式将其导入了唯心史观。虽然俄罗斯的“西学东渐”运动早在彼得大帝时期就拉开了帷幕，但浓厚的封建农奴制传统已深入俄罗斯人的骨髓，这种内在的、天然的屏障使得“彼得改革”步履维艰。沙皇俄国虽在器物层次有长足进步，罗斯大地换上了“新装”，但除贵族外的社会大众的文化意识仍走在“老路上”。这种局面是时代发展和俄罗斯国内社会发展双重作用的结果。

启蒙运动后，这种局面有所改变。俄国政府派学者到欧洲学习，邀请启蒙思想家到俄国宣讲启蒙思想，启蒙之光惠及罗斯大地。1812 年卫国战争后，俄国士兵在 1814—1815 年能够深入欧洲中央大陆——法国，这使他们第一次亲眼见识了近代文明的繁荣。当时的俄国士兵大多出身贵族，从小接受过良好的教育，他们自然成了进步思想和各种社会哲学思潮最好的传播者。1848 年欧洲工人运动的影响不仅仅局限在传统西欧国家，也波及俄罗斯。西欧各种社会、哲学学说和观点在俄罗斯逐渐传播开来。在这样的社会历史大背景下，以车尔尼雪夫斯基为代表的革命民主主义者在“同黑格尔的抽象逻辑客观主义、同他的唯心主义体系的保守主义进行论战的过程中，制定了他们的哲学学说。他们继承了法国唯物主义者和费尔巴哈的传统，建立了自己的哲学理论，由于黑格尔的辩证法思想而丰富起来的唯物主义在他们的哲学理论中得到进一步的发展。”[②]

车尔尼雪夫斯基把费尔巴哈的唯物主义学说看成当时西欧哲学思想发展史上的最后一个科学的环节。[③] 车尔尼雪夫斯基并没有盲目崇拜自己的思想导师——费尔巴哈，在吸收他的人本唯物思想时秉承客观理性的态度，同时，他并没有像费尔巴哈那样完全摈弃黑格尔哲学中合理的部分——辩证法，形象地说，车尔尼雪夫斯基给孩子洗完澡，倒脏水的时候没有把孩子同脏水一起倒掉。因此，列宁曾经称车尔尼雪夫斯基是“伟大

① 赵志明：《西方哲学与人文精神》，洛阳：解放军外语音像出版社，2006 年版，第 415 页。

② Б. Т. 格里戈里扬著，汤侠声等译，王永江校：《关于人的本质的哲学》，北京：生活·读书·新知三联书店，1984 年版，第 90 页。

③ 施潘诺夫主编：《俄国哲学史论文集》，北京：生活·读书·新知三联书店，1957 年版，第 417 页。

的俄国黑格尔主义者和唯物主义者”①。俄罗斯学者科卡列娃（Ю. В. Кокарева）指出：“车尔尼雪夫斯基和谢切诺夫（И. М. Сеченов）一道成为后来形成一个完整流派的国内哲学人本学的奠基者。”②然而，车尔尼雪夫斯基人本主义哲学中最核心的精髓是合理利己主义思想。车尔尼雪夫斯基的合理利己主义思想是其理想社会中人们行为的支配准则，在现实社会中曾是动员和鼓舞俄国青年投身革命的号召书，一度产生过广泛的社会影响。虽然，在拉季谢夫的传世之作《从彼得堡到莫斯科游记》中的《克列斯季齐》篇中已经出现了车尔尼雪夫斯基倡导的合理利己主义的雏形，“但真正具有一定深度和系统性，并对车尔尼雪夫斯基起过影响的，则是费尔巴哈在《宗教本质讲演录》（1848—1849）中阐明的伦理观：‘道德基于利己主义’论”③。费尔巴哈认为，人只根据自身的利害关系来考虑和评判一切事物。人爱大自然，是由于它对人有用，能满足人的需要；所以，他爱大自然，实际上是爱他自己。人崇拜神，是由于他相信神能为他降福免祸；所以，他崇拜神，实际上是企图达到利己主义的目标。费尔巴哈强调，他重视的利己主义不是通常所说的鄙俗的、与大公无私相反的利己主义，而是合乎理性的利己主义，其中不仅有个人的利己主义，并且包括社会的、家族的、集团的、区域的或爱国的利己主义。费尔巴哈还指出，人们的利己主义是相互制约的，是一种权利和义务的关系。对自己的责任所具有的根据和对象是自己的利己主义，对别人的义务和对象则是别人的利己主义。权利是追求自己的利己主义，而义务是自我克制不去追求自己的利己主义或服从别人的利己主义。

在费尔巴哈合理利己主义思想的基础上，车尔尼雪夫斯基结合自己的世界观和生活经历，构建了一种同俄国社会实际和人民解放斗争紧密相连的合理利己主义。米哈寥夫（С. А. Михалёв）指出，车尔尼雪夫斯基所提出的“合理利己主义”不是神学构想，而是关于人的行为是否符合大自然和人的理性的哲学原理，它的内容是个人精神需求的升华及作为一个积极的社

① 转引自 Б. Т. 格里戈里扬著，汤侠声等译，王永江校：《关于人的本质的哲学》，北京：生活·读书·新知三联书店，1984 年版，第 92 页。

② Ю. В. Кокарева. Нравственный идеал в философии русского народничества: Н. Г. Чернышевский, Н. К. Михайловский. СПб: С.-Петерб. гос. ун-т. , 2007, С. 88.

③ 蒋路：《俄国文史采微》，北京：东方出版社，2003 年版，第 57 页。

会个体的个人的形成。① 车尔尼雪夫斯基对合理利己主义思想透彻全面的论述最早出现在《哲学的人本主义原理》(1860)一书。书中写道:“一般地只须稍加留意那些表现为大公无私的行为和情感,我们便可看到,它们的基础依然是那种关于个人利益、个人快乐、个人福利的思想,即依然是称作利己主义的情感。”②“一个人为了获得愉快的东西,就应该替别人做愉快的事情,这样,他就是一个好人。”③

俄罗斯是一个神本意识浓厚的国度。《俄罗斯文化概论》一书指出:“俄罗斯民族是笃信宗教的民族,宗教性是俄罗斯文化的根本特点,神本意识在俄罗斯文化中长期占据主导地位,成为俄罗斯文化基本精神的重要内容。神本意识指的是以神为考虑一切问题的根本。”④这是俄罗斯的文化传统,然而车尔尼雪夫斯基生活在西风欧雨洗礼俄罗斯大地的时代,他的创作、思想都散发着时代气息。受时代精神的影响,车尔尼雪夫斯基一生都致力于人的问题的研究。融会了车氏乌托邦精神的小说《怎么办?》的副标题就是“新人的故事”,其中心线索是女主人公韦拉跳出封建家长制的束缚并逐步实现个人的全面发展。小说中主人公们都以合理利己主义思想来指导自己的行为和人生规划,把它作为待人处世的准则。

综上所述,人本主义及合理利己主义是车尔尼雪夫斯基坚守的人生信条,也是其乌托邦思想形成的渊源之一。以人为出发点思考问题,彻底解放人,在合理利己主义原则支配下实现人的全面自由发展,是车尔尼雪夫斯基构建理想社会的出发点和归宿。这也造就了车尔尼雪夫斯基乌托邦思想以人本主义为基础,以合理利己主义为依托的范式。

三、傅立叶的影响——法郎吉、和谐

车尔尼雪夫斯乌托邦思想的形成深受西欧三大乌托邦社会主义者——圣西门、傅立叶、欧文的影响,其中尤以傅立叶对车尔尼雪夫斯基的影响最大。弗朗斯瓦·沙利·马利·傅立叶于 1772 年 4 月 7 日出生在法国贝

---

① С. А. Махалёв. Проблема развития личности в утопическом социализме Н. Г. Чернышевского. Свердловск:УрГУ им. А. М. Горького,1984,С. 100.

② 车尔尼雪夫斯基著,周新译,葆煦校:《哲学中的人本主义原理》,北京:读书·生活·新知三联书店,1958 年版,第 74 页。

③ 同上书,第 54 页。

④ 朱达秋、周力:《俄罗斯文化概论》,上海:上海外语教育出版社,2010 年版,第 244 页。

占桑的一个富商家里，他的父亲在贝占桑有一家大呢绒商店，舅父也是一个大富商。他在青少年时期对法国资产阶级革命毫无兴趣，只是一心经商，直到 1798 年或 1799 年他的乌托邦社会主义学说才开始形成。吴易风曾经把傅立叶的乌托邦社会主义学说的产生同牛顿的万有引力学说的产生做比较："一个苹果吸引了牛顿，推动他去研究自然界的运动规律；同样地也是一个苹果吸引了傅立叶，推动他去研究社会的运动规律。"[①]傅立叶的学说主要包含了社会经济发展阶段、文明制度批判和法郎吉的构建思想，同时他也十分关注妇女解放的问题，把妇女解放的程度看作是衡量大众普遍解放的重要标准。1803 年，傅立叶发表了论文《全世界和谐》，在这篇文章中，傅立叶指出文明制度并不是人类的最后命运，它将被和谐制度所代替。这篇文章标志着傅立叶的学说的基本观点已经初步形成。1808 年，他匿名发表了《关于四种运动和普遍命运的理论——关于发现的说明和解释》，简称《四种运动论》。全书分三部分，分别论述了哲学和社会问题、和谐制度问题、现存社会制度问题。1822 年，他发表了《论家务农业协作社》。他本人认为该书应叫作《宇宙统一论》，书中着重描述了未来社会，其中对法郎吉经济制度和未来社会生活方式的描述尤为详尽。对从文明制度向和谐制度过渡（复杂公社）的两个过渡时期，即保障制度（半公社）和协会制度（简单公社）做了详细具体的说明。1827 年，他出版了《工业和协作的新世界，或发现情欲分类的吸引人的劳动和适合天性的劳动的方法》，简称《新世界》，这本书最为全面系统地阐述了傅立叶的观点，中心问题是和谐社会的组织问题和法郎吉构想。

需要指出的是，傅立叶自一名商人转变为乌托邦社会主义者后，构建和谐社会一直是其理想，他和他的门徒于 1832 年曾按照自己的蓝图设计构建过一个小规模和谐社会，但以失败告终。傅立叶认为，和谐社会是法郎吉的总和，即合作社的总和。"法郎吉"一词来源于希腊语"队伍"一词，意思是严整的步兵队伍，傅立叶用它表示和谐制度之下的有组织的生产——消费合作社，这种合作社是和谐社会的基层组织。法郎吉并不是一种新式农庄或集体农业组织，而是一种工农业相结合的新型合作组织，同时，在和谐社会里，只有不同的法郎吉，而没有城乡的差别，因此，法郎吉是工农业结合和城乡结合的一种范式。在法郎吉里，不论资本家还是普

① 吴易风：《空想社会主义经济简史》，北京：商务印书馆，1975 年版，第 90 页。

通民众都必须劳动，劳动成果按资本、劳动和知识要素分配。在傅立叶看来，在法郎吉里劳动不是沉重的负担，劳动是一件欢愉的事情，鼓舞人们从事劳动的“不是物质报酬而是竞赛和精神力量”[①]。但是，在傅立叶的法郎吉里，仍保留着不平等因素的残余：法郎吉成员身份的不平等、收入的不平等以及生活水平的不平等。

车尔尼雪夫斯基可谓是傅立叶忠实的信徒，傅立叶对车氏乌托邦思想的形成有着不可忽视的重要影响。车尔尼雪夫斯基首先是从彼得拉舍夫斯基党人哈内科夫那里接触到了自己的导师。苏联传记作家博戈斯洛夫斯基在《车尔尼雪夫斯基》一书中写道，“哈内科夫是彼得拉舍夫斯基小组中散布傅立叶学说最虔诚的传道士和最热情的宣传者之一”[②]，“他(哈内科夫)[③]向车尔尼雪夫斯基讲述了这位法国思想家的生平，讲述了傅立叶如何得出关于法朗吉斯特，关于一系列分配工作的主张。也许在这一天，在涅瓦大街上，在维拉·帕夫洛夫娜之梦的未来作者面前——他想在这些梦中揭开‘未来的奥秘’的帐幕，指出被解放人类愉快生活的图景——也许早在这一天，他眼前就第一次闪现过在自由土地上幸福劳动的永春和长夏的朦胧景象”。[④]

俄罗斯学者科夫图恩也指出，小说《怎么办?》中，“韦拉的第四个梦——欧洲传统的乌托邦方案、水晶宫、法郎吉、脑力劳动和体力劳动和谐发展思想的结合体”[⑤]，承载了车尔尼雪夫斯基的乌托邦理想。“小说《怎么办?》就像一面镜子一样折射出了傅立叶的享乐主义理想”[⑥]，书中，韦拉·巴夫洛夫娜的手工工场是“同未来法郎吉的生活构建原则一致的小型公社”。以赛亚·柏林在《俄国思想家》一书中论述车尔尼雪夫斯基时写道：“他保留了相当多他青年时代相信的傅立叶成分，因而认为自由的农民公社组合与技工合作组合是一切自由与进步的基础。”[⑦]在车尔尼雪夫斯基的

---

① 吴易风：《空想社会主义经济学说简史》，北京：商务印书馆，1975年版，第109页。

② 博戈斯洛夫斯基著，叶芳来等译：《车尔尼雪夫斯基》，郑州：黄河文艺出版社，1986年版，第70页。

③ 本书作者注。

④ 博戈斯洛夫斯基著，叶芳来等译：《车尔尼雪夫斯基》，郑州：黄河文艺出版社，1986年版，第69页。

⑤ Н. В. Ковтун. Русская литературная утопия второй половины XX века. Томск：Том. гос. ун-т. ，2005，С. 52.

⑥ 同上书，第53页。

⑦ 以赛亚·柏林著，彭淮栋译：《俄国思想家》，南京：译林出版社，2011年版，第267页。

理想社会里，人人必须劳动，并且人人愿意劳动，主动劳动，因为劳动是一件乐事，是使人体格强健、给人愉悦的活动，并且机器生产也逐步代替了手工劳动，使劳动变得轻松，体力劳动与脑力劳动和谐发展。总之，物质生活高度发达，文化事业极大繁荣，处处都是一派和谐的景象。正如帕斯(О. Пас)所说，车尔尼雪夫斯基“在自由的爱和共同进餐的基础上建立起了傅立叶的幸福世界，那里，爱的艺术最雅致的大师获得了圣徒的地位，学者和诗人是公认的英雄”①。车尔尼雪夫斯基继承了傅立叶关于和谐的思想，即“社会的富足和平等是为了普遍的和谐，这不单单是让人们享受丰富多彩的生活，也是为了使每个人都全身心地沉醉其中”②。车尔尼雪夫斯基的理想社会里没有阶级，也没有剥削，实现了完全的平等和自由。

第二节　俄罗斯的影响

一、俄罗斯乌托邦传统的影响

在第一章，我们已经知晓，在俄罗斯这个地跨欧亚大陆的国度有着深厚的乌托邦传统。因此，简略地分析一下俄罗斯乌托邦思想对梳理车尔尼雪夫斯基乌托邦思想的渊源也十分有必要。

人类关于个人自由和社会平等的思想，乃是社会意识中的永恒主题。从人类社会出现不平等之时起，也就是从出现阶级和人剥削人的现象那一刻起，普遍正义和社会平等就成了人们追求的理想。

具体到俄罗斯，这首先与非正统宗教有关。神面前人人平等及普遍正义必胜的观念，自古以来就充盈于人们心中。马里宁认为“这些观念是17—18 世纪的农民革命很久以前的各种不同的宗教学说所特有的”③。各种不被正统宗教思想(基督教)所认可的宗教书籍、编年史等经常提到幸福的、正义的天国。因为正统宗教的思维意识中“天国”就是世界末日，人类的普遍福祉和幸福直到“基督第二次降世”才能实现，或需要从地球上转移

---

① Пас О. Стол и постель. Человек，1994(1)，С. 141-143.

② Н. В. Ковтун. Русская литературная утопия второй половины XX века. Томск：Том. гос. ун-т. ，2005，С. 53.

③ 马里宁著，丁履桂、郭镛森译：《俄国空想社会主义简史》，北京：商务印书馆，1990 年版，第 4 页。

到彼岸世界。教会开出的建立人的普遍福祉和幸福的天国的“支票”，在兑现时间上显得遥不可及。然而，在17—18世纪一些非正统宗教的学说、教义中，对天国的解释同正统教会的解释很少有共同之处，“天国”的观念被倾注了新的内容。操持这些信仰的人坚信“天国”是人间天国，它可以在此岸地球上存在；此时，社会平等的思想就被要求在人间天国的范围内践行。除了表现在宗教学说和教义中，这种观念在俄罗斯的民间格言中也有体现。“人间天国”观念的出现反映出这些人希望为了尘世百姓，同时也为了他们自身利益而变革社会经济关系。正如马里宁所说：“人间天国的观念对具有民主思想的下层群众代表人物世界观的形成，产生了强烈影响。”[①]这种观念是他们后来向沙皇专制政府声索个人权利最有力且最可靠的武器。

车尔尼雪夫斯基乌托邦蓝图的构建正是此岸世界，渴望通过革命手段在现实社会中实现普遍福祉和所有人的幸福。无疑，上面我们探讨的俄罗斯乌托邦传统中的“人间天国”观念对其乌托邦思想的形成有着不可磨灭的影响。仅因为有一定的相似性就把历史上两种思想归结为有渊源关系未免有些武断，但我们可从马里宁的著作中窥见一二。苏联哲学家、史学家马里宁，在他的《俄国空想社会主义简史》(1990)一书中，细致考察了俄国历史上空想社会主义的形成、探索和发展历程。他在分析俄国空想社会主义的形成时把民间有关“真理”和“自由”的传统放在了首要位置，该传统的核心要义即前面我们论述的“人间天国”思想。书中的最后一章是关于俄国空想社会主义的发展，其中的第二节专门讲的是车尔尼雪夫斯基和他的战友们。作者在前言就开宗明义，“本书试图重现俄国空想社会主义史的一幅完整画卷”[②]，并且把“人间天国”思想作为俄国空想社会主义形成的最重要原因之一，同时把车尔尼雪夫斯基的乌托邦当作俄国空想社会主义发展的重要环节。这种布局当然不是偶然，这是因为马里宁认为车尔尼雪夫斯基的乌托邦是深受“人间天国”思想的影响而形成并发展了这种思想。虽然，我们不认同空想社会主义的说法，但我们认同马里宁的这种认识。除“人间天国”思想的影响外，俄罗斯历史上的农民运动提出的“平等”“自由”的

---

① 马里宁著，丁履桂、郭镛森译：《俄国空想社会主义简史》，北京：商务印书馆，1990年版，第6页。

② 同上书，第1页。

要求对车尔尼雪夫斯基乌托邦思想的形成也有深远影响。

17—18 世纪俄国爆发了几次大规模农民起义运动，其思想情绪中最重要的因素是社会正义和社会平等思想。哥萨克农民口头提出的社会平等的要求成为拉辛、普加乔夫及其战友们的起义宣言中鼓舞人心的力量。在一些书简和起义诏令中曾经旗帜鲜明地表达了废除不公正的社会制度的思想。例如，斯捷潘·拉辛及其盟友喊出的口号就是“杀死所有的公爵、大贵族、名人和俄国的整个贵族阶级，废除一切官位等级和政权，做到人人在一切方面都一律平等”①。普加乔夫在 1774 年 7 月 31 日的起义诏令中宣布：“从前屈从于地主的所有农民，是本皇室的忠实奴仆，我们将赐予他们用古老方式画十字、做祷告、留长发和留胡须的自由，赏赐他们以哥萨克官兵的永久自由，无须在他们中招募新兵，他们不缴纳人头税和其他用现金支付的捐税。他们将拥有土地、森林、操场、渔场和盐湖，不需要赎买，也不必支付代役租”②。可以说，社会平等和自由的思想在 17—18 世纪促进了农民的觉醒以及形成了关于公正社会制度观念的传统。

车尔尼雪夫斯基早在少年时代就熟知农民运动及其相关事件。留里科夫写道：“辽阔的伏尔加河在年青的车尔尼雪夫斯基的思想和感情中留下了强烈的印象。伏尔加河流域是农民运动最主要的策源地之一。”③歌颂拉辛、普加乔夫的歌曲和传说在民间流传着。根据少年时代的强烈印象，车尔尼雪夫斯基甚至把这些神秘的“盗匪”的故事写入自传中。加之，在 19 世纪 30 年代时，车尔尼雪夫斯基的故乡——萨拉托夫省发生了国家农民反对把他们移交给采邑管辖的运动，该运动随即被沙皇政府残酷镇压，儿时目睹农民生活的惨象让他对农民产生了深深的同情。所以，农民提出的各种要求，尤其是平等和自由对车尔尼雪夫斯基乌托邦社会的构建有着奠基性影响。

二、俄罗斯村社传统的影响

车尔尼雪夫斯基的乌托邦理想社会是一座傅立叶式的法郎吉大厦，然

---

① 《莫斯科人》，1841 年第 7 期，第 38 卷，第 326 页。转引自 Б. А. 马里宁著，丁履桂、郭镰森译：《俄国空想社会主义简史》，北京：商务印书馆，1990 年版，第 8 页。

② Я·К·格罗特：《普加乔夫叛乱史料》，圣彼得堡，1875 年，第 53 页，转引自：马里宁，丁履桂、郭镰森译：《俄国空想社会主义简史》，北京：商务印书馆，1990 年版，第 9 页。

③ 留里科夫著，韩凌译，胡平校：《车尔尼雪夫斯基》，北京：作家出版社，1956 年版，第 14 页。

而这座大厦的思想“地基”不单单只是傅立叶所奠定，村社——贯穿俄罗斯历史的最基本的生产组织对车尔尼雪夫斯基这座大厦的构建也有不可磨灭的影响。

俄罗斯学者科夫图恩(Н. В. Ковтун)指出，车尔尼雪夫斯基的“带有公共房间，共同进餐，一起娱乐的俄罗斯美丽女神的乌托邦形象就是家庭公社的类似物”①。此处的家庭公社即是村社的一种变体。村社是俄罗斯社会最基本的组织结构，自基辅罗斯起，经历了一千多年的历史。在绵延的历史长河中，村社屡经改革，但直到 1929 年苏联兴起全盘集体化运动才寿终正寝，其强大的生命力和对俄罗斯人民的亲和力可想而知。马克思曾经写道：“俄国公社……情况非常特殊，在历史上没有先例。在整个欧洲，只有它是一个巨大的帝国内农村生活中占统治地位的形式。”②

俄罗斯的农村公社是在东斯拉夫人原始氏族公社逐渐瓦解的基础上形成的地域性社会经济组织。它是一种自然形成的共同体，以血缘、地缘和宗教为纽带，以习惯和传统法则为基础。一般来看，家庭是农村公社的构成单位，若干个家庭组成一个农村公社。农村公社在地域上往往与自然村落重合，所以人们又称之为村社。在《俄罗斯文化概论》一书中，作者指出：“村社之所以成为俄罗斯农村最基本的生产组织形式，首先是俄罗斯民族的生存和发展之地的地理环境关系决定的。”③

俄罗斯地跨欧亚大陆，地广人稀，交通不便，繁茂的森林使得农耕经济的发展十分困难，且天气严寒，冻土面积广，适宜农作物生长的时间不长，加之生产力水平低下，使得集体共同劳动和团结协作更为迫切和必要。为了方便安排生产和组织生活，村社这种集中居住、集体开发土地的地缘联合体便应运而生。除此之外，村社能够成为俄罗斯社会最基本的生产组织结构，还因为国家统治者对它的庇护、强化和改造。自俄罗斯民族国家形成之日起，国家政权对村社就不断地实行有意识的保护和改造，使其慢慢成为对巩固政权、社会稳定及税收来源有利的基层行政和缴税组织。总体上，俄罗斯历史上的村社是家庭的自然延伸和扩展，它与宗法制

① Н. В. Ковтун. Русская литературная утопия второй половины XX века. Томск: Том. гос. ун-т. , 2005, С. 52.

② 转引自朱达秋、周力：《俄罗斯文化概论》，上海：上海外语教育出版社，2010 年版，第 19 页。

③ 朱达秋、周力：《俄罗斯文化概论》，上海：上海外语教育出版社，2010 年版，第 19 页。

的国家政权相结合，成为俄国传统文化产生和发展的温床，具有鲜明的特点。朱达秋和周力在爬梳了俄罗斯村社的形成和发展阶段后，认为它经济上具有以下特点：(1)土地公有，定期重分；(2)在征税、徭役方面实行连环保制度，以村社为单位，集体向国家和地主定租纳税，实行贫欠富补；(3)与连环保相联系的是集中居住，集体劳动，共同耕作；(4)在土地分配和赋税分摊上实行平均主义原则；(5)组织互助合作，接济贫穷孤寡。①

我们会清晰地发现，除了徭役和赋税(因为在理想社会里国家、政权、阶级这些概念已不复存在，自然不会再有徭役和赋税)，其余所有的经济生产特点与车尔尼雪夫斯基乌托邦理想社会中的生产组织原则都一致。车尔尼雪夫斯基笔下的理想人类是如此组织生产和生活：所有青壮年都在田野里集体劳作，“小孩大半留在家中干活，他们几乎承担了全部家务活”，“不下田的老太太、老头儿和小孩来准备这一切：‘做饭、干家务活、收拾房间’”，“活一干完，所有的人都朝着那座建筑物走去”，然后共同进餐。②在《怎么办?》中，韦拉·巴夫洛夫娜组织的手工缝纫工场也是按照上述一些原则组织生产和生活。由此可见，车尔尼雪夫斯基眼中的理想社会正是建立在消灭了国家和政权基础上的某种村社组织。

俄罗斯学者亚伊茨基(В. А. Яицкий)曾经指出，车尔尼雪夫斯基认为：“在村社的辅助下能够加速社会发展：俄罗斯村社能够从原始的宗法制阶段直接过渡到自我发展的高级阶段并转化为‘村社—公社’。”③此时，介于乌托邦和现实之间的鸿沟不复存在，因为理想已全然融入现实之中。我们认为，这也是车尔尼雪夫斯基积极号召“爱它吧，奔向它，为它工作，使它早日到来，尽可能使它成为现实吧”④的原因所在。因为，贯穿俄罗斯历史的基本生产组织——村社已经为他提供了一个未来理想社会的雏形，只需在村社的基础上略加改造即可。

三、俄罗斯文学传统的影响——普世主义、理想主义

俄罗斯文学，尤其是19世纪俄罗斯文学的重要特点是普世主义、理想

① 朱达秋、周力：《俄罗斯文化概论》，上海：上海外语教育出版社，2010年版，第21页。

② 车尔尼雪夫斯基著，蒋路译：《怎么办?》，北京：人民文学出版社，2019年版，第459—460页。

③ В. А. Яицкий. Трансформация русской идеи как особенность формирования национального самосознания. Нижний Новгород: Нижегор. гос. ун-т им. Н. И. Лобачевского, 2011, С. 78.

④ 车尔尼雪夫斯基著，蒋路译：《怎么办?》，北京：人民文学出版社，2019年版，第468页。

主义。正如别尔嘉耶夫认为的那样:“俄罗斯文学不是产生于欣喜而充沛的创造力,而是产生于个人和民族命运的痛苦和苦难,产生于拯救全人类的探索中。”[①]这样的探索是一种乌托邦的冲动,并且催生了俄罗斯民族的乌托邦精神。

俄罗斯文学中充满了这种乌托邦精神,与“莫斯科是第三罗马”的观念是紧密相连的。因为,对于俄罗斯民族来说,“东正教深刻影响俄罗斯其他文化形式,特别是文学艺术的发展。而文学艺术,特别是文学不仅成为宗教理念和精神的承载者,还是俄罗斯宗教思想、宗教理念的探索者和阐释者,也是俄罗斯虔诚宗教情怀的表达者和展示者。”[②]然而,俄罗斯东正教具有强烈的弥赛亚意识,这种弥赛亚意识最典型地反映在“莫斯科是第三罗马”的观念之中。故整个俄罗斯文学中那种乌托邦的冲动显而易见,普世主义、理想主义也是车尔尼雪夫斯基之前的作家创作中所秉承的共同理念。

车尔尼雪夫斯基从童年起便沉溺于父亲的藏书室,“很早就成了一个藏书家和饱读诗书的人”[③],在萨拉托夫政教中学哲学班学习时,他就以博览俄罗斯历史、文学、哲学、语言、地理和其他科学书籍而使人吃惊。然而,车尔尼雪夫斯基并不像某些传记家所描写的那样,是一个只知读书的年青的书呆子。[④] 他活泼,爱交际,对周围的一切非常注意和敏感,善于观察人与人之间的关系。读着古老的书卷,车尔尼雪夫斯基了解了俄罗斯社会生活各领域内最优秀的典范,他渐渐意识到自己应该成为伟大精神传统的继承人,应该向着荣光进发。他开始向伟大的先辈们学习,学习他们创作中的普世主义和理想主义理念,进而在文学创作中构建自己的乌托邦理想社会。具体来看,对车尔尼雪夫斯基乌托邦思想的形成有至关重要影响的有普希金、果戈理和屠格涅夫。

普希金——俄罗斯诗歌的太阳、俄罗斯现实主义文学的奠基人,他的

---

① Н. Бердяев. Философия свободы. Истоки и смысл русского коммунизма. М.:ЗАО “Сварог и К”, 1997, С. 309.

② 朱达秋、周力:《俄罗斯文化概论》,上海:上海外语教育出版社,2010年版,第231—232页。

③ 《车尔尼雪夫斯基全集》俄文本,第一卷,第632页。转引自留里科夫著,韩凌译,胡平校:《车尔尼雪夫斯基》,北京:作家出版社,1956年版,第12页。

④ 同上。

光芒永远照耀着俄罗斯大地。“普希金是我们的一切”[①]，是俄罗斯人认可的箴言，几乎所有后来的作家、哲学家、思想家，甚至每个俄罗斯人都免不了受到他的影响，车尔尼雪夫斯基也不例外。车尔尼雪夫斯基一生都在关注普希金的作品，先后发表了数篇评论普希金文集的文章。对他来说，普希金不仅是可敬的诗人，而且是“第一个以非凡的忠实性和洞察力描写了俄国风习和俄国人民不同阶层的生活的诗人”[②]。普希金以这种忠实性和天才般的洞察力描绘了真实的俄罗斯和俄罗斯人民，致力于构建和谐、光明的艺术世界。然而，和谐、光明正是理想主义的体现，是理想社会构建的必备要素。普希金的光芒是一种理想之光、和谐之光。

果戈理——俄罗斯散文之父，一生命运多舛，批判现实、抨击黑暗的社会是其作品的一贯风格。俄罗斯文学的19世纪40年代被称作“果戈理时代”，这足见他在俄罗斯文坛，乃至整个社会生活领域的重要地位和影响。车尔尼雪夫斯基对他推崇备至，认为，“果戈理高过世界上包括莎士比亚和不管什么人在内的一切作家”[③]。在车尔尼雪夫斯基看来，“果戈理所以重要，因为他不仅是一个天才的作家，同时还是一个学派——俄罗斯文学可以自豪的唯一学派的领袖”[④]。虽然果戈理一生都在批判，但他批判的目的是为了构建。他批判罪恶的现实社会，却是为了构建美好的理想社会；他揭露人的劣根性，讽刺人的不完善，却是为了使人达到完善，使人进入理想的天国。尽管果戈理的理想社会没有建成，但理想主义——创造一个理想社会仍是其创作的基本动因。

屠格涅夫——一个宣扬爱和理想的作家。在自己的艺术创作中，屠格涅夫一直都致力于创造一个新的理想社会，塑造理想社会中的新人。长篇小说《罗亭》中的主人公罗亭、《前夜》中的英沙罗夫都是屠格涅夫笔下的新人类型，虽然这些新人不能称为完整的理想人类，但这表现了作家的理想主义气质。屠格涅夫关于理想社会和理想新人的构建对车尔尼雪夫斯基有着深刻的影响。当屠氏的“新人”面对社会现实不知怎么办时，车尔尼雪夫斯基通过自己的“新人”用语言和行动回答了这个问题。

---

① 转引自：童道明：《阅读俄罗斯》，上海：上海三联书店，2008年版，第78页。
② 《车尔尼雪夫斯基论文学》下卷，第1册，上海：上海译文出版社，1982年版，第168页。
③ 转引自：易漱泉等：《俄国文学史》，长沙：湖南文艺出版社，1986年版，第454页。
④ 《车尔尼雪夫斯基论文学》上卷，上海：新文艺出版社，1956年版，第30页。

综上可知，俄罗斯文学，尤其是19世纪俄罗斯文学具有一个重要的特点——普世主义和理想主义。在这样的文学土壤中，车尔尼雪夫斯基的文学创作自然吸收了普世主义和理想主义的养分，从而孕育出极具作家个性的乌托邦果实。所以，俄罗斯文学传统对车尔尼雪夫斯基乌托邦思想的形成影响重大。

车尔尼雪夫斯基生活的年代正值俄国革命风起云涌之时，他的个人遭遇及普通大众的不幸引发了他对人、社会乃至整个时代的哲思。自幼被俄国现实社会中普通大众的苦难生活所围绕，这导致了他对“人”的问题的关注；女性在家庭和社会生活中的卑微地位激发了他对妇女解放的渴望；沙皇政府的腐朽和暴虐更坚定了他改变社会的信仰；彼得保罗要塞的牢狱岁月催生了他关于理想社会泉涌般的构想。

他是西方近代世纪精神的深刻体认者和发扬者，启蒙运动宣传的自由、平等、博爱和妇女解放引起了他的强烈共鸣，时代大潮所催生的科技成为他崇拜的对象，在其思想的具体内涵中科技将是理想社会的发展动力。他被费尔巴哈深深吸引，接受了其人本主义思想，懂得了人的真正主体地位和绝对价值，费尔巴哈的“合理利己主义”也对他产生了巨大的影响，这从总体上形成了车尔尼雪夫斯基乌托邦思想的人本主义基础和合理利己主义的依托。他是俄罗斯的傅立叶，他梦想在俄罗斯的土地上建造傅立叶式的法郎吉，法郎吉里的人们自由、和谐地全面发展。

俄罗斯文化传统里的乌托邦思想是其理想社会的灵感源泉；村社文化在他的乌托邦构想中打下了深刻的烙印；他“很早就成了一个藏书家和饱读书籍的人”，俄罗斯文学传统中的普世主义和理想主义观念深深俘获了他的心，这催生了他拯救社会的渴望，孕育了他构建理想社会的冲动。

第三章　车尔尼雪夫斯基乌托邦思想的内涵

车尔尼雪夫斯基乌托邦思想的形成既有西方源头，也有俄罗斯源头，这两个源头共同孕育了车氏乌托邦思想的丰富内涵。通过对《怎么办?》的分析，我们认为，他的乌托邦观念体现在三个方面：理想社会中的人、理想社会中的人际关系及理想社会的发展动力。

第一节　理想社会中的人

车尔尼雪夫斯基一直把人的问题当作研究主题之一，人的问题是他问题视域内的主要方面，他认为，"什么也比不上人更崇高"①。"在整个感官世界中人是最高的存在；因此人的个性是世界上最崇高的美。"②正如格里戈里扬指出的那样，"革命民主主义的人本主义思想在车尔尼雪夫斯基那里获得最充分的表现"③。米哈廖夫(С. А. Михалёв)也认为，"车尔尼雪夫斯基理论观点的人本主义指向是其世界观的主要特点"④。

在车氏的著作中，对人本主义不乏关注和研究。他专门写了《哲学中的人本主义原理》一书来论证自己的人本主义哲学观。小说《怎么办?》的副标题就是"新人的故事"，它所着重描写的正是 19 世纪 60 年代的正面典

---

① 车尔尼雪夫斯基著，蒋路译：《怎么办?》，北京：人民文学出版社，2019 年版，第 389 页。

② С. А. Махалёв. Проблема развития личности в утопическом социализме Н. Г. Чернышевского. Свердловск：УрГУ им. А. М. Горького，1984，С. 83.

③ Б. Т. 格里戈里扬著，汤侠声等译，王永江校：《关于人的本质的哲学》，北京：生活・读书・新知三联书店，1984 年版，第 92 页。

④ С. А. Махалёв. Проблема развития личности в утопическом социализме Н. Г. Чернышевского. Свердловск：УрГУ им. А. М. Горького，1984，С. 12.

型——平民知识分子形象。纵观全书，可以发现它就是一部关于“人”的小说，从开始的玛丽娅·阿列克谢夫娜之流的“庸俗人”，到以韦拉为代表的“新人”，及至拉赫梅托夫这样的“特殊人”，再到后来韦拉梦中的“理想社会的人”。车尔尼雪夫斯基最著名、最具代表性的小说《怎么办?》可谓其人本主义思想的文本实践。

乌托邦是对社会现实的反叛，车尔尼雪夫斯基乌托邦社会中的理想个人形象就是在批判现实社会中“庸俗人”的基础上构建起来的；乌托邦是一种想象，但又不是凭空杜撰和捏造，车尔尼雪夫斯基乌托邦社会中的理想个人也是依照现实社会中的理想个人的雏形——“新人、特殊人”构建起来的。因此，我们试图在深入考察“庸俗人”和“新人、特殊人”的基础上真正认识车尔尼雪夫斯基乌托邦思想中的理想个人。

一、庸俗人

在小说《怎么办?》中，“庸俗人”主要指的是玛丽娅·阿列克谢夫娜和巴威尔·康斯坦丁内奇夫妇，斯托列什尼科夫及他的母亲之辈，其中，韦拉的母亲玛丽娅·阿列克谢夫娜是最具典型性的“庸俗人”代表。从性格特点来看，玛丽娅·阿列克谢夫娜专横、唯利是图，笃信旧的社会秩序的合理性，她用拳头来和厨娘打交道(这已经是第三个玛特辽娜了，原先那个玛特辽娜左眼经常带伤，而这一个是左颧骨有伤，但不是经常有)，用“后脖儿拐”来教育“女儿”，为每一文钱而斥责女儿。她藐视天赋的志向，企图扼杀自己亲生女儿性格中的任何一点极微小的独立性，也决不给予自己的女儿任何自由，在家庭中也没有任何平等可言，把自己的女儿当作谋取私利的工具和手段，“爱”对她来说只不过是一个简单的字眼罢了。她是一定生活哲学的代表者。她非常坦率地把这种哲学讲给女儿听：做一个正直的人生活就会变坏。“在这个世界上，只有又不老实又狠心的人才能过好日子。”[①]旧制度、老法子教人抢人和骗人，另外任何规矩都没有，也不可能有。从支配个人行为的道德观来看，玛丽娅·阿列克谢夫娜称得上当时俄国罪恶的宗法制、小市民社会的自私的利己主义的“喉舌”，她把这种粗浅的利己主义“庸俗的经验”诠释得活灵活现。然而，这是一种按照“人吃人”的野蛮法则来生存的社会道德。这是奴役进而损坏人性、消灭人性的

---

① 车尔尼雪夫斯基著，蒋路译：《怎么办?》，北京：人民文学出版社，2019年版，第26页。

一切良好愿望和志向，使它变成肮脏勾当的对象的一种道德。车尔尼雪夫斯基其实“醉翁之意不在酒”，他对玛丽娅·阿列克谢夫娜之流的“庸俗人”的鲜活描写不只是为了揭露和抨击他们灵魂的丑恶，更是为了引导读者去思考：是什么让他们变成这样了呢？问题不在他们本身，而在于造就他们世界观、人生观的环境和社会条件。

在车尔尼雪夫斯基看来，是环境导致了那些庸俗、不诚实、恶毒的人的出现。“您的手段恶劣，但是您的环境不让您采取别的手段。您这些手段该由您的环境，而不该由您个人负责。”①正如洛普霍夫对玛丽娅所说的那样，“眼前您在干坏事，因为您的环境要求您这样，给您另一个环境，您也高兴做个无害甚至有益的人。”②因为在肥沃的泥土上、有真实生命的泥土上“产生出的新的东西也全部是健康的，因为基本元素都是健康的”。而在贫瘠的泥土、不实用的泥土上“植物不可能长得好”，因为这块泥土的“元素本身不健康”，所以产生出来的其他东西“全部都必定是不健康的、劣质的”③。

从时代背景看，以玛丽娅·阿列克谢夫娜为代表的“庸俗人”仍是当时俄国社会的主流。车尔尼雪夫斯基写作《怎么办?》时，正值俄国解放运动第二阶段④的初期。虽然亚历山大二世于 1861 年实行了废除农奴制改革，这让无数的进步人士欢欣鼓舞，他们以为俄罗斯的民主之春终于到来了，但他们很快就发现这不过是贵族地主阶级用于缓和矛盾的“缓兵之计”。废除农奴制没有触及农民与其耕作的土地之间的关系这个根本问题，这也是新的社会流派——民粹派出现的根本原因，因为，不难发现民粹派以真正解放农奴为己任。面对残酷的掠夺，广大农民用“骚乱”和“暴动”来回应沙皇的“恩赐”，平民知识分子青年则用“学潮”来响应农民运动。车尔尼雪夫斯基也积极参与其中，除了利用《现代人》杂志这个合法刊物宣传支持农民运动的思想外，他还亲自撰写了《告领地农民书》的秘密传单，号召广大农民积蓄力量，起来反抗。沙皇政府残酷地镇压了各种农民运动，1862 年下半年，俄国革命形势急转直下，社会变革成功的希望极其渺茫。“怎么

① 车尔尼雪夫斯基著，蒋路译：《怎么办?》，北京：人民文学出版社，2019 年版，第 180 页。

② 同上书，第 181 页。

③ 同上书，第 197 页。

④ 列宁在《纪念赫尔岑》(1912)一文中把 19 世纪俄国革命主导力量的发展分为三个阶段，即贵族地主、平民知识分子和无产阶级。

办?”就是当时摆在俄国面前的迫切问题。俄国社会的小市民阶层本不知革命为何物，革命发生之时，也只是持观望态度，现在革命已被血腥压制，所以，他们更加笃信自己生活哲学的正确性和合理性，相信一切新生事物和变革都不会有好下场，只有抢人、骗人才能生活得好。

车尔尼雪夫斯基创作《怎么办?》的时候，虽身陷囹圄，但人民的苦难一直刺痛着他的心，对“庸俗人”之流更是哀其不幸，恨其不争。为了改变“庸俗人”的思维模式和生活方式，他认为，只能釜底抽薪，从根源上入手。只有拥有了肥沃的土壤，才会长出优质的果实。因此，只有改造俄国社会现存的腐朽基质，创造出未来美好的理想社会，在那里人们才会获得真正的新生，才会使“庸俗人”不再庸俗。

二、新人、特殊人

(一)新人

在小说《怎么办?》中，“新人”，也可称作“平常的正派人”，主要指的是韦拉·巴夫洛夫娜、洛普霍夫、基尔萨诺夫，尤以韦拉·巴夫洛夫娜为典型代表，这也是小说情节匠心独运之所在，一个地地道道的“庸俗人”竟然生出了一个完完全全的“新人”。从性格特点来看，“新人”具有以下三个特点：

第一，具有强烈的民主意识。他们出身寒微，成长于小市民、小官吏家庭，他们在贫困环境中长大，从少年时代起就不得不独立谋生，命途坎坷，饱经忧患。如基尔萨诺夫的父亲是一个县级法院的文书，洛普霍夫则是梁赞的小市民，十五岁起就以教书谋生，梅察洛夫是教堂下级职员的儿子。他们在贫困中长大，社会地位低下，他们没有门路，没有熟人，凭着个人的奋斗给自己开拓了未来的道路。他们饱尝生活的艰辛，对于人剥削人、人压迫人的社会制度满腔憎恨，对于人民群众的痛苦有着切肤之痛，因此产生了强烈的民主意识，并且他们崇尚自由。洛普霍夫还是医学院的一个普通学生的时候，就甘愿放弃自己在医学道路上的美好前程而帮助韦拉获得自由。同时，他们崇尚平等，尊重妇女。洛普霍夫婚后发现韦拉爱上了自己的好友基尔萨诺夫的时候，他给予了深爱的妻子完全平等的选择权利，让她去直面自己的真爱，让她去把握那真正的爱之幸福。基尔萨诺夫丝毫不嫌弃克留科娃是被蹂躏的、患重病的妓女，怀着一片爱心启发她、教育她，把她从悲惨的遭遇中拯救出来，使她重拾生活的信心，找回了做人的尊严，走向新生。

第二，怀抱历史乐观主义。“新人”们在当时的社会里看到的尽是些不愉快的现象，看到的是“只有那些不诚实又恶毒的人才能过好日子”。但是他们已经深刻地认识到，这一切都是由社会环境所致。随即，他们就投入消灭恶劣的社会环境的事业中去，去改造腐朽、不实用的土壤。他们对自己从事的事业和工作充满信心，对未来美好社会的必然到来充满信心。他们坚信，尽管斗争是艰苦的，有可能流血，甚至有可能丧失自己的生命，但未来是属于他们的。“新人”们喜欢这种自由自在、积极进取的生活，他们把自己的工作看作是“在给这个美好的未来做准备”，因为，他们知道自己的付出一定会有收获，“光明、温暖与芳香，正在迅速地驱逐黑暗和寒冷；腐朽的气息愈来愈薄弱，玫瑰的芬芳愈来愈浓重”[①]。他们也坚信世界上不会再有贫穷，“这个愿望总有一天要实现，因为我们迟早总会好好地安排生活”[②]。正如任子峰所分析的那样：“他们相信人类的‘黄金时代’一定会到来。”[③]

第三，勇于作为的实干精神。“新人”们“每个人都很勇敢，不动摇，不退缩，能够承担工作，只要承担下来就会紧紧抓住不放。另一方面，他们每个人都诚实得无懈可击”[④]。他们苦心钻研，献身科学事业，不尚空谈，脚踏实地，一心造福人民。他们接受进步思想，悉心钻研革命理论，开展革命实践活动，在他们周围团结了一批大学生、学者、作家、军官等生机勃勃的年轻人，经常就国内外事件和社会、政治问题展开讨论。他们还利用韦拉的手工缝纫工场作为宣传进步思想的场所，开办星期日夜校，对工人进行启蒙教育。“新人”们作为平民知识分子，较之贵族革命家，他们的群众基础坚固起来了，同群众的联系日益密切，他们看到了在群众中间蕴含着实现理想的真正强大力量。因此，他们敢于作为，勇于实践，与那些“言语的巨人，行动的矮子”、无所作为的“多余人”完全不同。从支配个人行为的道德观来看，“新人”遵循的是以人本主义为基础的“合理利己主义”。“新人”们认为，人都是利己主义者，人总是根据利害关系而行动，

① 车尔尼雪夫斯基著，蒋路译：《怎么办?》，北京：人民文学出版社，2019 年版，第 565 页。

② 同上书，第 84 页。

③ 任子峰：《俄国小说史》，北京：北京大学出版社，2010 年版，第 215 页。

④ 车尔尼雪夫斯基著，蒋路译：《怎么办?》，北京：人民文学出版社，2019 年版，第 205 页。

行为的主要动机就是利益，所以他们信奉“利益计算的理论”。洛普霍夫说道：“假定有谁能给别人带来快乐，对自己又没有什么不愉快，那么照我看，他一定会为了自身的利益而给别人带来快乐，因为他自己也将从中得到快乐。”[①]合理利己主义“这个理论是冷酷的，可是它能教人获得温暖”[②]。“新人”们在处理具体感情问题的时候，依然是遵循“合理利己主义”原则。韦拉和洛普霍夫结婚两年之后，又爱上与她志趣相投的基尔萨诺夫，三人对此心照不宣，但是他们都为对方的幸福考虑，因此都竭力克制自己的情感。为了不使丈夫痛苦，韦拉燃起一切热情去爱他；基尔萨诺夫则以各种托词不再拜访洛普霍夫家，主动疏远韦拉；而洛普霍夫虽然深爱着韦拉，但为了他所爱之人的幸福，在进行了一番冷静的利害分析后，以假自杀的方式主动“退出舞台”。这个行为之于旁人，无疑是高尚的，但他却这样解释：“我决定不妨碍她的幸福所做出的举动，是为了我自己的利益。我的举动也有高尚的一面，但做出这举动的动力却是我自身天性中希望有利于自己的欲望。”[③]但“新人”们的“合理利己主义”中的“‘利’必须受理性的调节和制约，他们的‘己’是具有社会性的‘己’”[④]。然而，制约把个人利益与大众利益紧密联系起来，才是合理的；一个人只有为他人的幸福着想，他才能得到真正的幸福。

“新人”的“合理利己主义”与“庸俗人”的庸俗、狭隘利己主义是完全不同、格格不入的。正如作家所写：“如果洛普霍夫解释一下他跟韦罗奇卡所谈的‘利益’是什么意思，那玛丽娅·阿列克谢夫娜也许要皱眉头了，因为她会发现这个‘利益’和她的‘利益’并不完全相似。”[⑤]

从时代背景来看，“新人”是时代的产物，是时代的特征。他们是19世纪60年代俄国革命运动进入平民知识分子阶段所催生的正面典型形象，这种典型在当时的社会刚诞生。正如车尔尼雪夫斯基指出，这种人现在只有几百人，然而他们的力量正在日趋强大。他们身上所具备的民主意识、乐观精神和实干精神都被时代大潮刻上了深深的烙印，因为他们的这些性格特点是平民知识分子进行改变社会的斗争所必需的品质，没有这样一些品

① 车尔尼雪夫斯基著，蒋路译：《怎么办?》，北京：人民文学出版社，2019年版，第241页。
② 同上书，第301页。
③ 同上书，第107页。
④ 同上书，第61页。
⑤ 同上书，第114页。

质，他们也不可能成为这个时代的弄潮儿。

就社会发展水平而言，19 世纪 60 年代初的俄国相当于 18 世纪西方的启蒙时期，那时，理性是评判旧传统和新事物的绝对标尺，“理性主宰生活”这一论断也是受人信仰的，“新人”的“合理利己主义”实际上就是合乎理性的利己主义。

（二）特殊人

在小说《怎么办?》中，“特殊人”指的是拉赫梅托夫，他的思想觉悟程度和活动范围都高出了“平常的正派人”——“新人”。大部分的研究者从唯物主义立场出发，认为拉赫梅托夫是地下工作者、职业革命家的代表，所以他要优于“新人”。

车尔尼雪夫斯基伦理学说研究者阿兹纳乌罗夫（А. А. Азнауров）曾指出，“这也正是他（拉赫梅托夫）的伟大、力量和优于其他的正派人的地方”[①]。拉赫梅托夫这一形象对后世革命者产生过深远影响，普列汉诺夫曾强调，“60 和 70 年代几乎我们每一个杰出的社会主义者身上都有不少拉赫梅托夫式的性格特征”[②]，鉴于此，我们按照俄罗斯文学史上曾出现过的“奥勃洛莫夫习气”（来自 обломовщина 一词），大胆地构思出一个新词，即“拉赫梅托夫作风”（来自 рахметовщина 一词），来描述这种始见于拉赫梅托夫，后又被许多革命家所推崇力行的独特气质。“拉赫梅托夫作风”主要包含自觉改造世界观的思想作风，密切联系群众的工作作风及圣徒式（斯巴达克式）的生活作风。下面我们就这种作风做一番爬梳。

第一，自觉改造世界观的思想作风。拉赫梅托夫出身于古老的阀阅世家，他的家族“从十三世纪就已闻名，不但在我国，在全欧洲也是最古老的家族之一”[③]。“当十六岁的拉赫梅托夫来到彼得堡的时候，就这方面说只是一个平平常常的少年”[④]。当他了解到大学生中间有些“特别聪明的人物，他们的思想与众不同”后，他就设法打听他们的名字，设法同他们结识，以期能受他们的思想熏陶，从而使自己的世界观得到改造。拉赫梅托

① А. А. Азнауров. Этическое учение Н. Г. Чернышевского. М.：Высшая школа，1960，С. 86.

② Г. В. Плеханов，Н. Г. Чернышевский. Введение（к немецкой книге 1894 г.）//Плеханов Г. В. Избранные философские произведения：в 5-ти томах. М.：Изд-во социально-политической литературы，Т. Ⅳ，1958，С. 18.

③ 车尔尼雪夫斯基著，蒋路译：《怎么办?》，北京：人民文学出版社，2019 年版，第 326 页。

④ 同上书，第 330 页。

夫结识基尔萨诺夫后，他从一个平常人到一个“特殊人”的变化开始了。他“贪婪地听着基尔萨诺夫的说话”，在后者的指导下，他阅读了大量的进步书籍，“在他转变后的最初几个月，他几乎把全部时间用来读书”[①]，就这样他一步步自觉地改造着自己的世界观、人生观，在掌握了理论知识后，迅即投身实践工作之中。

第二，密切联系群众的工作作风。拉赫梅托夫为了知晓普通民众的疾苦和愿望，走出校门，深入人民中间。他浪迹四方，几乎漫游了整个俄国大地，他什么工作都干过：种过庄稼，当过木匠、搬运工以及各种行业的工人，有一次甚至以纤夫的身份走遍了伏尔加河流域。他和平民百姓相处融洽，人民很喜欢他，纤夫们以伏尔加河上那位传奇英雄的名字“尼基图社卡·洛莫夫”称呼他，表示对他的爱戴和尊敬。正如他自己在解释为什么放弃享用美食的理由时所说的那样，“老百姓哪怕是偶然能吃到的，有机会我也不妨吃吃。老百姓永远吃不起的，我也不应该吃！我需要这样做，这至少能让我稍稍体会到，他们的生活跟我相比是多么艰难”[②]。

第三，圣徒式的生活作风。拉赫梅托夫不论在物质生活，还是在精神生活方面都恪守着“圣徒”式的作风。他弃绝物质上的享乐，生活极其简朴，虽然他完全有条件支撑那一切奢侈的开销。他刻苦强健体魄，睡觉不铺褥子。有一次为了锻炼自己的意志，使其能够经受得住可能遭遇的严刑考验，他甚至睡在扎有几百枚铁钉的毡毯上，扎得浑身是血。他曾对自己说：“我决不沾酒，我不碰女人。”他面对深爱的女人时，说道：“我应该抑制我心中的爱情。对您的爱会捆住我的双手……我不应该恋爱。”[③]他几乎放弃休息和娱乐，把全部的时间用在工作上。“他干的事多得惊人，因为他在支配时间方面也不许自己奢侈浪费，正像在物质生活中一样。他每个月花费在娱乐上的时间连一刻钟都不到，他不需要休息。”[④]他之所以坚持这种圣徒式的生活作风“并非为了满足自己个人的欲望，并非为了自己个人，而是为所有的人”，完全只是“依据原则，不凭爱好，依据信念，不凭个人的需要”。

从时代背景看，跟“新人”一样，“特殊人”——拉赫梅托夫是社会历史

---

① 车尔尼雪夫斯基著，蒋路译：《怎么办?》，北京：人民文学出版社，2019年版，第336页。

② 同上书，第333页。

③ 同上书，第344页。

④ 同上书，第335页。

条件深刻变化的产物，他是在俄国农奴制瓦解、革命运动高涨的形势下，从贵族地主阶级转到革命民主主义阵营的优秀人物。他的出现是时代发展的必然，他也是为了解决革命运动发展过程中革命行动的领袖、组织者和领导者的问题而诞生的，即便当时这样的人还少之又少。车尔尼雪夫斯基曾指出，他只见过“八个这种典型”的人。虽然这是“非常稀少的种类”的人，但是他不是一个幻想的存在，根据评论家的意见，当时优秀的革命者的原型，“特殊人”是为了未来理想社会而鞠躬尽瘁的人。正如普列汉诺夫所说：“车尔尼雪夫斯基参与了我们的新型‘新人’——革命者的构型。他高兴地欢迎这种新类型的出现，并且不能拒绝刻画这个虽不清晰的轮廓形象所带来的愉悦。与此同时，他悲伤地预见到，俄罗斯革命者将要遭受多少的痛苦和折磨，他们的一生应该是严酷斗争和悲苦的自我牺牲的一生。”[①]“新人、特殊人”身上体现了未来理想个人的光辉特征，这样，车尔尼雪夫斯基乌托邦社会中的理想个人就呼之欲出了。

三、理想个人

在小说《怎么办?》中，理想社会中的人没有以纯粹个体的姿态出现，因为车尔尼雪夫斯基乌托邦社会里的每个人都一样，每个人又都不一样。理想个人是参照“庸俗人”的反面而构型，同时也是现实社会中自我雏形——“新人、特殊人”的发展和进化。

理想个人是绝对自由、绝对平等、尊崇“合理利己主义”原则的人。他们可以选择任一项社会活动、任一个伴侣，也可以选择任一个城市或任一大洲作为居住地，“去哪儿住按个人意愿……每人都可以按自己的心愿生活……每个人爱怎样生活就怎样生活”[②]。不论男女老少，都参加劳动，只是分工略有不同。劳动之后，他们会集体进餐，所有人都能获得同样的食物，除了“你需要一件特别的东西，或者满足一种特别的愿望”，所有“照公家的财力来说人人能得到的东西，个人一概不付钱”[③]。他们谁也不会妨

---

① Г. В. Плеханов，Н. Г. Чернышевский. Введение(к немецкой книге 1894 г.)// Плеханов Г. В. Избранные философские произведения：в 5-ти томах. М.：Изд-во социально-политической литературы，Т. Ⅳ，1958，С. 23.

② 车尔尼雪夫斯基著，蒋路译：《怎么办?》，北京：人民文学出版社，2019 年版，第 462—464 页。

③ 同上书，第 460 页。

碍谁，谁也不会打搅谁，“因为他们觉得那样较为愉快，较为有益”[①]。自由、平等、兄弟情谊以及理性指导下的利己主义是他们幸福生活的坚实保障。他们不容许自己有愚蠢的行为，他们行为的出发点不是无私的善而是合乎理性的算计。

理想个人注重个人的和谐发展。首先，这体现在体力劳动和脑力劳动的和谐上。理想个人热爱劳动，崇尚集体劳动，他们人尽其才，各尽其能。在劳作的田野上“散布着一群一群的人，到处是男男女女，老人、青年和小孩混在一起。但是青年占多数，……小孩大半留在家中料理家务，他们几乎承担了全部家务，他们很喜欢干这个。……田地里干活的人群差不多都在唱歌”[②]，那些失去能力的人也会帮着干一些力所能及的事情。从事劳动的人都十分愉快，劳动效率也相当高。在经过一天的“酣畅淋漓”的劳动后，他们会“去尽兴地体验娱乐时全部的欢快”。强健的体格和体力劳动为理想个人创造出了“对娱乐的精神准备，对娱乐的合理而强烈的渴望”。在这里，文化、娱乐事业极大繁荣。“许多人在剧院，有的当演员，有的当乐师，剩下的就做观众，全看各人的爱好。有些人分散在教室和博物馆，待在图书馆。也有人在花园的林荫道上，又有人在自己房里独自休息或者跟孩子们一起……”[③]，正如车尔尼雪夫斯基本人所感叹的那样，“他们是幸福的美貌男女，他们过着劳动和享乐的自由生活，幸福的人啊，幸福的人啊!”[④]

其次，这种和谐还体现在衣着服饰中。他们“大多数人的衣服都类似于希腊妇女在雅典最注重美的时代所穿的：很轻便，很宽松。男子的衣服也是又宽又长，没有腰身，好像法衣、披风。这分明是他们的家常便服，这种服装多么朴素、美观！它多么优美地隐隐约约显出了身体的轮廓，给人的动作增添了多少文雅的风致!”[⑤]研究者科夫图恩(Н. В. Ковтун)认为这是“古希腊罗马所提倡的对称和精致原则在几百年之后的未来社会人民的

① 车尔尼雪夫斯基著，蒋路译：《怎么办?》，北京：人民文学出版社，2019年版，第462页。

② 同上书，第459页。

③ 同上书，第467—468页。

④ 同上书，第467页。

⑤ 同上书，第466页。

穿着中淋漓尽致的表现”[①]。

理想个人推崇人运用科技主导大自然。理想个人利用科技的力量，把原野变成可耕地，把旧有的不毛沙漠变成现今的良田沃土。在进行劳动活动时，机器几乎代替了所有的手工劳动，“人几乎只要走动走动，管管机器就行”[②]，他们用很多“大马力的机器，从东北大河两岸和西北大海沿岸运来黏土，把它跟沙子黏合在一起，并且开凿运河，安排灌溉”[③]，以此来改变空气湿度。理想个人还利用掌握的自然科学知识，因地制宜地实施基础设施建设。比如，他们用白色的铝来建造“水晶宫”，因为白色的东西在阳光下吸热少些，用在“这里更相宜”；他们还在离水晶宫四周挺远的地方，围了许多细小的、老高老高的杆子，“杆头撑着一块白色天篷，高高地笼罩着整个宫殿和周围半俄里的地面”[④]，凉篷会不时地喷水，以达到改变气温的目的。

总体来看，车尔尼雪夫斯基乌托邦思想中的理想个人是在合理利己主义指导下诚实劳动、改造自然、忘我享乐的人，人与人之间的关系是绝对理想的和谐关系，在这个“人间天堂”处处都是幸福和满足的痕迹。

第二节　理想社会中的人际关系

车尔尼雪夫斯基理想社会中的人际关系是绝对平等、自由且充满爱的。究其实质，车氏是想在合理利己主义的支配下实现人人平等自由。当时，这种平等自由最完整的体现是男女平等及女人的自由，具体说来就是要实现妇女解放。

妇女解放是车尔尼雪夫斯基毕生都想实现的社会目标，但沙皇专制统治下的俄罗斯社会不具备这种思想的生长土壤，他只好在自己的文学实践，在自己的乌托邦构想中实现它。妇女解放是车氏理想社会中人际关系的最重要的内容，下面我们就把它作为重点来考察。

《怎么办?》向读者讲述了一个善于思考的女孩韦拉如何脱离“庸俗人”

---

① Н. В. Ковтун. Русская литературная утопия второй половины XX века. Томск：Том. гос. ун-т. ，2005，С. 54.

② 车尔尼雪夫斯基著，蒋路译：《怎么办?》，北京：人民文学出版社，2019 年版，第 464 页。

③ 同上。

④ 同上书，第 463 页。

父母的控制，获得个人解放和自由，以及如何在社会生活和经济生活中取得独立地位的故事。小说中的“新人”们不以传统的眼光来看待女性，承认她们“半边天”的家庭和社会地位。洛普霍夫在婚后给了韦拉完全的自由。虽然是他把韦拉从“地下室生活”中解救了出来，但他没有要求她依附于他，他认为女性有权利选择自己的人生道路。

在韦拉的第四个梦中，车尔尼雪夫斯基更是借“光明美人”之口发出了支持妇女解放的最强音。长期以来，女性在大而化之的“人”之下，无视乃至丢失了性别自我，性别几乎成为一个空洞的能指。而实际上，个体自我并不是孤立存在的，它不仅附属于特定的种族、民族，还附属于性别。女人曾经背负着性别强加于自我的命运，退回到家庭，在社会上、历史中消失了身影。在社会中，女性始终是处于第二位——看家护院的人、带孩子的人，除了“从老爷的餐桌上捡残羹剩饭”，女人们再不能奢望在更广阔的社会活动舞台上有更多的建树。在当时的俄国社会，妇女们也大都自认为地位比男人低下，当时所有妇女的共同心愿就是：“唉，我多希望我是男人啊!”[①]

车尔尼雪夫斯基对此有深刻、独到的认识。在《哲学中的人本主义原理》中，车尔尼雪夫斯基因密勒——“他证明妇女应该有选举权”[②]而认为他是进步的。在《怎么办?》中车尔尼雪夫斯基把历史上各个时期的妇女与“光明美人”相比较，指出不论在奴隶、阿斯塔耳忒、阿斯帕霞、阿佛洛狄忒还是“贞洁女皇”的时代都没有“光明美人”。以下是原因。在奴隶时期，“当时妇女是奴隶”，“没有平等的地方也就没有‘我’”[③]。阿斯塔耳忒时期，妇女必须服从买下她的主人，“在他不出征的时候给他消闲解闷”[④]。在阿斯帕霞时期，“他们崇拜妇女，却不承认她跟自己是平等的人。他们只不过把她当作享乐的工具供奉起来罢了，他们并未承认她有着人的尊严。凡是不把妇女作为人来尊重的地方，就不会有‘我’”[⑤]。在阿佛洛狄忒时期，“连这位女皇也还一半是奴隶。没有自由的地方就没有幸福，也没有

① 车尔尼雪夫斯基著，蒋路译：《怎么办?》，北京：人民文学出版社，2019年版，第439页。

② 车尔尼雪夫斯基著，周新译，葆煦校：《哲学中的人本主义原理》，北京：生活·读书·新知三联书店，1958年版，第11页。

③ 车尔尼雪夫斯基著，蒋路译：《怎么办?》，北京：人民文学出版社，2019年版，第445页。

④ 同上。

⑤ 同上书，第447页。

‘我’”[①]。在圣母（贞洁女皇）悲伤的时代，男人“行猎，打仗，跟伙伴们宴饮，强奸女奴，而他的妻子却被遗弃，遭禁闭，受轻视。女人一被男人占有，男人就不再爱她”[②]。“在‘我’以前的妇女多么可怜！那时候她们是受人支配、任人奴役的角色。”[③]

车尔尼雪夫斯基通过对比猛烈地抨击不平等的社会现实，凸显女性自我意识的内容，号召给女性以平等、自由和爱的权利。车尔尼雪夫斯基认为，以前人跟动物一样，自从男子开始珍视妇女的美以后，人就不再是动物了，并且只有“当一个男子承认妇女享有跟他自己同等的权利时，他才会抛弃那种把她当作自己的财产的观点”，[④]“人只有跟一个与自己平等的人在一块儿才会感到完全轻松自如”。字里行间透着鲜明的女权主义气息。

除韦拉的第四个梦中具体的描述外，《怎么办?》的前四章讲述了一个陈旧的三角恋爱主题，然而车尔尼雪夫斯基却给予了其不同的处理和解决。当男主人公洛普霍夫发现自己的妻子爱上了他的朋友基尔萨诺夫的时候，他就在假自杀的掩盖之下毅然出走，成全了一对有情人。这体现了作家对女性的真正尊重，体现了车氏的男女平等思想，既是他乌托邦思想中人际关系的基础，也是具体体现，是一种情感与理智的和谐融合。

在车尔尼雪夫斯基的爱情观中，我们也可以窥见其妇女解放思想。“她爱我吗？我说的不是那种罗曼蒂克式的爱——这种爱是不存在的。我说的是，我是否确是她值得依恋的人，无论富贵抑或贫寒，我们二人都能相濡以沫，她都会觉得比其他任何人更幸福……我爱上了她，这是我同她第一次交谈后几小时之中发生的……但当晚，这种感情很快就消失了。听来这不像一个恋人说的话：我对奥尔迦的感情中最强烈的成分是尊敬。”[⑤]第一段文字出自车尔尼雪夫斯基与爱妻奥莉加热恋时写的日记，第二段文字是车尔尼雪夫斯基爱上奥莉加后的自白。我们可以看出，车尔尼雪夫斯基爱她（妻子），爱她们（所有女性），尊重她们，为了女性的幸福，车尔尼雪夫斯基甘愿自我牺牲，给予女性充分的平等和自由选择的权利。为什么

① 车尔尼雪夫斯基著，蒋路译：《怎么办?》，北京：人民文学出版社，2019年版，第448页。
② 同上书，第450页。
③ 同上书，第454页。
④ 同上书，第455页。
⑤ 转引自赵秋长：《悲欢离合总关情——托尔斯泰和车尔尼雪夫斯基的爱情观》，《河北师范大学学报（社会科学版）》，1993年第3期，第107页。

妇女解放会是车尔尼雪夫斯基世界观体系中的重要元素呢？我们认为，这是内外因共同作用的结果。

从外部来看，随着女性主义意识的萌发和女权主义运动的勃兴，女性越来越成为这个男权社会关注的对象。女权主义运动的兴起有其特定的时代背景，同法国工业革命和美国废奴运动紧密相连。新生的资产阶级妇女在争取自身权利的斗争中前仆后继，用眼泪、鲜血甚至生命谱写了一曲曲振聋发聩、启迪民众的时代凯歌。女权运动的先声发于法国，法国在 18 世纪兴起了思想解放运动，这就是我们熟知的“启蒙运动”。

新生的资产阶级为清除封建土地所有制和贵族政体，提出了具有广泛影响的“自由、平等、博爱”的口号。这种要求平等自由的呼唤穿越了历史的时空，很快波及整个欧洲大陆。尽管当时俄罗斯还是集专制和农奴制于一身的宗法制社会，但自彼得大帝的欧化改革打开了通向西方的大门后，西方思想文化不断冲击着俄罗斯社会，在西风欧雨的浸润滋养下，俄罗斯也产生了一大批进步思想家，车尔尼雪夫斯基就是其中之一。在《怎么办?》中，车尔尼雪夫斯基在描述女权思想萌发于世的时候，明确提到了启蒙思想家的历史功绩。“这是不久以前的事，啊，简直是刚发生的事。你知道是谁首先发觉我的诞生，然后再告诉别人的吗？这是卢梭在他的《新爱洛伊丝》中告诉人们的。人们从他的书上第一次听到了我的信息。”[①]因此，车尔尼雪夫斯基的妇女解放主张中自然地包含了“平等、自由、博爱”这些启蒙思想。

从内部来看，俄罗斯文学是“提出问题的文学”，在俄罗斯“诗人不仅仅是诗人”。伟大的俄罗斯文学家、哲学家、思想家，甚至每一个普通的俄罗斯民众都具有某种普世情怀。俄罗斯文学，尤其是 19 世纪下半叶的俄罗斯文学作品中，贵族在人民面前的那种历史罪感并不鲜见。许多出身知识分子的主人公都被脱离人民这一罪恶(如托尔斯泰)所折磨和侵蚀，所以他们时刻准备着去赎罪。《父与子》中的巴扎罗夫也是努力尝试着亲近劳动人民，而出身平民知识分子的车尔尼雪夫斯基与普通民众有着天然的血肉联系。以赛亚·柏林指出，“他寒微的社会出身(教区牧师之子)，使他与他想分析其处境的平民具有天然的亲和性”[②]；皮纳耶夫(М. Т. Пинаев)

① 车尔尼雪夫斯基著，蒋路译：《怎么办?》，北京：人民文学出版社，2019 年版，第 452 页。

② 以赛亚·柏林著，彭淮栋译：《俄国思想家》，南京：译林出版社，2011 年版，第 264 页。

在《车尔尼雪夫斯基——小说家及60—70年代文学中的“新人”》一文中指出，车尔尼雪夫斯基少年时代就承认“必将参加农民暴动”[①]。他为了他们宣传革命，呼唤革命，毕生心血都投入解放农民的革命运动，在1861年更是亲自撰写了革命传单《告领地农民书》，并指导过革命组织“土地与自由社”的活动，可谓“俯首甘为孺子牛”，所以他在人民面前没有这种历史负罪感。但另外一种罪恶意识一直折磨着他，这就是女性世代被压迫、被奴役，生来就必须依附于男人的社会状况，所以他决心改变这一现状，不论是在身体力行的爱情和婚姻中，还是在文学创作中。

车尔尼雪夫斯基认为，女性的社会地位是社会发展水平最忠实的反映。车尔尼雪夫斯基生活和创作的年代正是俄罗斯社会动荡变革的年代，虽然女性问题不是社会的主要问题，但已是许多社会问题的归结点。启蒙运动所倡导的自由、平等、博爱，19世纪俄罗斯文学创作的特点，车尔尼雪夫斯基自身经历——这些都潜移默化成了车尔尼雪夫斯基妇女解放思想的基石。我们可以用车尔尼雪夫斯基自己的话来概括关于女性地位的思想：“什么也比不上女性更崇高了。”[②]

总体来看，理想社会中的人际关系在车氏眼中主要表现为在家庭和社会生活中男女的绝对平等，男女的平等又体现在妇女的解放。妇女解放是车尔尼雪夫斯基理性社会中和谐平等人际关系最有力、最直接的体现，同时，也是车氏作为一个男人赎历史原罪的表现。

第三节　理想社会的发展动力

在车尔尼雪夫斯基的理想社会中，科技是社会发展的强大动力，也是把人从繁重的体力劳动解放出来的有力武器。科技是人类认识自然、驯服自然、利用自然的实践。科技发展的历史，可以说与人类历史一样久远。所以，首先让我们梳理一下科技在人类文明中的发展历程。

自原始人类开始，我们的古老祖先就在劳动实践中利用工具改造自然和生活环境，钻木取火，设计制造各种简单的石器、骨器工具都是其具体

---

① М. Т. Пинаев. Чернышевский - романист и “новые люди”в литературе 60—70 годов. http: //az. lib. ru/c/chernyshewskij _ n _ g/text _ 0048. shtml.

② 车尔尼雪夫斯基著，蒋路译：《怎么办?》，北京：人民文学出版社，2019年版，第453页。

表现，这一步步地推动文明向前发展。当历史发展至文艺复兴时期，人类真正意义上的现代自然科学萌发了幼芽，它既是伟大变革时代的产物，也是这个时代的标志。恩格斯说：“真正的自然科学只是从 15 世纪下半叶才开始，从这时起它就获得了日益迅速的发展。”①在这个时期，民族国家在欧洲陆地上纷纷建立，考古学和文献学的成就让欧洲人可以近距离感受古希腊文化以及新大陆的发现，手工业高度发展，阿拉伯数字也从东方引入，等等，所有这一切催生了现代科学的独特环境。自然科学是西方现代文明的产物，它向世人展现了自己的力量和信心，赋予了凡人改造世界的无限希望。

自 18 世纪以来，科学技术上的每一次重大突破，都会使社会生活模式发生质的飞跃，也会冲击人们的思想，启迪人们不断去创造。比如，瓦特发明蒸汽机后，社会生产摆脱了对畜力、风力等自然动力的依赖，成为影响世界的万能动力机。蒸汽机的使用，带动了纺织、冶金、机械制造等行业的繁荣，并使其他动力工具的发明成为可能。特别是，社会生产以工厂的形式迅速组织起来，产生了巨大的经济效益，迎来了资本主义机器生产的黄金时代。随着科学技术在实践生活中的运用和推广，18 世纪 60 年代在英国开始了推动整个世界的第一次工业革命，它一直延续到 19 世纪中叶。

19 世纪科学发明的数量和速度更是异常惊人，内燃机、发电机、电话、电灯等都是这个时代的伟大成就。这个时期，人类在自然面前，表现出历史上任何时期都无可匹敌的创造奇迹的决心和魄力。进入 20 世纪，科技飞速发展，以原子能技术、航天技术、信息技术和生命科学领域为代表的伟大成就大大增强了人类开发自然、改造自然的能力，社会生产力以前所未有的速度发展，人类在短期内创造出了物质财富增长的奇迹。科技加速发展的趋势还在更深层次上、更大范围内进行着。科技的发展改变了人类的生活方式，给人类思想带来巨大的冲击，同时也塑造出独具特色的现代文明史。对此，卡西尔有深刻的认识，他说：“科学是人的理性发展中的最后一步，它可以被看作人类文化最高和最有代表性的成就。”②

社会存在决定社会意识，由科技成果塑造的社会存在的巨大改变必然

① 《马克思恩格斯全集》，北京：人民出版社，1971 年版，第 23 页。

② 卡西尔著，李化梅译：《人论》，北京：西苑出版社，2009 年版，第 215 页。

引起社会意识的相应改变。自现代自然科学诞生之日起，科学、理性、真理等字眼逐渐占据人们的视线，依靠科技合理地构建理想社会的设计方案层出不穷，当然，其中也孕育了乌托邦思想。

众所周知，俄罗斯历史上的幸福理想与西方文化有着千丝万缕的联系，车尔尼雪夫斯基的乌托邦社会理想也不例外，他的乌托邦理想就是在19 世纪上半叶自然科学和实证科学(主要包括达尔文进化论的提出、细胞学说的确立及能量守恒定律的发现)蓬勃发展的历史背景下应运而生的。在梳理了科技在人类文明中的发展历程的基础上，下面，我们具体考察科技是怎样作用于车尔尼雪夫斯基的理想社会的。

乌托邦理想是想象的产物，但又不是天马行空，凭空捏造。乌托邦是对社会现实的反叛，是比照社会现实而构想的理想社会，难免带有社会现实的烙印。美国学者大卫·哈维认为，莫尔 1516 年设计的乌托邦的许多特征，可以在荷马的《奥德赛》中描述的费阿刻斯(Phaeacia)城邦中找到；傅立叶在构思共产主义的集体社会时，其灵感来自凡尔赛宫。事实上，“在它们早期的化身中，乌托邦通常被赋予一种独特的城市形态，大多数被称为城市规划的东西在很大程度上受到了乌托邦思维模式的影响”①。

1859 年 6 月，车尔尼雪夫斯基前往伦敦参观了水晶宫，对于此行当时没有留下记录，但在后来问世的《怎么办?》中，水晶宫却是车尔尼雪夫斯基乌托邦理想的物质载体，也可以说，小说中的水晶宫浓缩了车尔尼雪夫斯基对科学的设想。在韦拉的乌托邦梦境中，光明美人向她介绍了水晶宫里的居民利用科学认识自然、改造自然所取得的巨大成就，揭开了科学神秘的面纱：曾经的沙漠在科技力量的作用下变成了绿洲，金光泛滥在田间、原野，百花争奇斗艳，鸟儿啼啭着悠扬的歌声，在这里的人们完全平等，物质极大丰富，文化艺术事业极大繁荣。劳作时，“田野上干活的人群差不多都在唱歌。……原来机器几乎代替了他们的全部劳动——从收割、打捆到运送，人几乎只要走动走动，管管机器就行”②。这些人住在“一座庞大的建筑物”中：“一座高高大大的建筑物，这种建筑物就连在今天最大的首都里也只有几座，或者不如说，今天连一座也没有！它耸立在

---

① 转引自单世联：《“水晶宫”与现代文化的分裂——重思车尔尼雪夫斯基与陀思妥耶夫斯基之争》，《外国文学评论》，2011 年第 2 期，第 171 页。

② 车尔尼雪夫斯基著，蒋路译：《怎么办?》，北京：人民文学出版社，2019 年版，第 459 页。

田野和草场、花园和树林之间。田间种着我们俄国常见的庄稼，不过又跟我们的不同，而是长得密密麻麻，一派丰饶景象。难道这是小麦？谁见过这样的麦穗？谁见过这样的麦粒？今天只有温室里能长出这种颗粒饱满的麦穗。田野就是我们俄国的田野，可是这样的花朵今天只能在我们的花圃中见到。花园中有柠檬树和橙子树、桃树和杏树。怎么都生长在室外呢？哦，是为了让这些树在夏季见见天日。周围还有许多柱子，对了，这是几个被掀掉屋顶过夏的温室。树林倒是我们俄国的树林：橡树和椴树，槭树和榆树，对，树林跟今天的一样。都经过很细心的照料，其中没有一棵病树，但还是那些树林，只有它还跟今天一样。然而这座建筑物——这是什么？这是什么建筑式样？今天没有这种式样。不，已经有了一个雏形——塞屯汉山丘上的宫殿：到处只见铸铁和玻璃，铸铁和玻璃。不，不只是铸铁和玻璃，这仅仅是建筑物的外壳，它的外墙，里面才是真正的房屋，一座极其高大的房屋：这道铁骨透明的外墙仿佛一个匣子似的包蔽着它，跟它的每层楼中间一圈宽阔的走廊相连接。这内屋的建筑式样是多么精巧，窗与墙之间的墙壁多么狭长，窗子又宽又大，跟楼层一般高低！内屋的石墙像一排壁柱，等于给那些面对走廊的窗子镶上了框架。这是怎样的地板和天花板啊？这些房门和窗框是用什么做成的？这是什么？银，白金？家具也差不多全是这样。……铝迟早总会代替木材的，也许还可以代替石头呐。这种铝制品真多！遍地都是铝、铝。……”①

水晶宫——英国工业社会全盛时期的象征，也是科技发展史上具有里程碑意义的建筑。车尔尼雪夫斯基也认为水晶宫——“塞屯汉山丘上的宫殿”就是未来理想社会的雏形。俄国革命民主主义的领袖，车尔尼雪夫斯基推崇启蒙运动，热爱真理、科学和理性，这不仅是时代大潮的影响所致，也是他革命民主主义立场的体现。他是文学家、美学家和哲学家，却对科学在文明史上的决定性地位深信不疑，认为科学——它在“静悄悄地、不慌不忙地进行创造，它创造了一切；它创造一切以概念为基础的知识，然后它创造了人类的一切活动，给人的一切追求指出方向，给他的一切才能以力量”②。

---

① 车尔尼雪夫斯基著，蒋路译：《怎么办?》，北京：人民文学出版社，2019年版，第457—458页。

② 车尔尼雪夫斯基著，未艾译：《车尔尼雪夫斯基论文学》(中)，上海：上海译文出版社，1979年版，第259—260页。

《怎么办?》中，“新人”基尔萨诺夫和洛普霍夫都是从事医学活动的科学人才，他描绘的乌托邦社会的载体——水晶宫以及“新人”水晶般的性格都是科学的结晶。科学不仅是一种思想认识，它还是一种技术实践方式。科技先是在实验室中用实验器材、按照特定的原理和方法产生预期的效果，然后将科技成果和科技产品向社会推广，成为改造自然、改造社会的物质力量。这种物质力量可以改变人的生活方式和生活环境，这也是科学能够创造新人新世界的原因所在。

车尔尼雪夫斯基指出：“自然科学是研究关于外部自然界问题的那一部分哲学的根据，它也是研究关于人的问题的那一部分哲学的根据。”①“自然科学使人具有了支配外部自然界的强有力的手段，在这方面已不再有什么困难了。”②在他看来，人类机体在本质上与动物机体毫无区别，植物机体与动物机体毫无区别，人的问题同样可以成为精密科学研究的对象，并且“从事道德科学的思想家中的一切先进人士都开始采用自然科学所采用的那种精确的研究方法来探讨道德问题”③，他所提倡的“合理利己主义”就是采用自然科学的方法来探讨道德伦理问题的具体体现。

车尔尼雪夫斯基还认为，人类的一切印象和认识都必须使用科学的分析来检验，因为，他认为“以必要的科学手段对事物进行研究所得出的结果表明：由缺乏必要辅助方法的感觉所获得的印象是难以令人满意的”④。车尔尼雪夫斯基笔下的乌托邦人对科学技术及其成果的应用，表现出人类对自然进行干预、行使支配权力的愿望。小说中描述的那些运用科学的事例带有明显的时代印记，表现出农业社会即将发生的巨大变化，同时也表现出作者天才般的洞察力和预见能力。例如，他预言了有实用价值的电灯的发明与广泛应用。在韦拉的第四个梦中有这样的论述，“大厅的圆顶上有一大块磨砂玻璃，光线是从那儿洒射出来的，当然会完全像阳光似的呈白色，明亮而又柔和，是啊，这是电灯。”世界上第一盏有实用价值的电灯是爱迪生于 1879 年 10 月 21 日发明的，而俄国广泛使用电灯照明却是 20

① 车尔尼雪夫斯基著，周新译，葆煦校：《哲学中的人本主义原理》，北京：生活·读书·新知三联书店，1958 年版，第 22 页。

② 同上书，第 53 页。

③ 同上书，第 51 页。

④ 同上书，第 26 页。

世纪初的事情。车尔尼雪夫斯基相信，科学之应用于生活，乃历史定然之势[①]。

车尔尼雪夫斯基理想社会中的人是在批判当时俄国现实社会中的“庸俗人”的同时，参照业已出现的“新人”和“特殊人”而构建的。“庸俗人”专制且局限，理想个人平等而自由；“庸俗人”在黑暗罪恶的社会里过着寄生的生活，理想个人在光明美好的社会里快乐耕耘；“庸俗人”在畸形中走向灭亡，理想个人在和谐中获得永生。

车尔尼雪夫斯基理想社会中的人际关系是完全平等、自由且充满爱的，而这种和谐平等的人际关系最直接、最有力的体现是男女平等，要实现男女平等首先要求实现妇女解放，所以妇女解放成为车氏乌托邦思想的重要内容。解放妇女并使她们获得真正的平等和自由，是车尔尼雪夫斯基毕生的心愿。这不仅是受启蒙时代精神的熏陶而产生，也是作家作为一个男人赎历史原罪的体现。严格说来，这是车氏关于人的问题的延伸。在车尔尼雪夫斯基的乌托邦蓝图中，妇女的完全解放是理想社会形成的前提和基础。届时，女人与男人不论在家庭生活还是社会生活中都拥有完全平等的地位，男人在女人面前的历史罪感亦不复存在，男女和谐共存。于车氏而言，男女平等是人间天国正常运转的基石，由此才能实现其他各领域生活的真正平等。

车尔尼雪夫斯基理想社会的发展动力是科技。科技是车尔尼雪夫斯基乌托邦思想中把人从繁重的体力劳动中彻底解放出来的有力武器，也是在传统的俄国村社建立起法郎吉大厦和水晶宫的必要前提，这与车氏乌托邦思想中关于人的问题是一脉传承的。作家对科技的崇拜达到了极致，甚至把它运用到了伦理道德领域。对科技的崇拜既反映出车尔尼雪夫斯基受时代精神的影响，也体现了车尔尼雪夫斯基天才般的预见能力。

---

① 以赛亚·柏林著，彭淮东译：《俄国思想家》，南京：译林出版社，2011年版，第267页。

第四章　车尔尼雪夫斯基乌托邦思想的反讽艺术呈现

我们认为，乌托邦文学作为一种文学表现形式，其艺术呈现多种多样。经过爬梳和参考学界研究成果后可以窥见，乌托邦思想最主要、最常见的艺术呈现形式有三种：想象、反讽和隐喻。葡萄牙知名作家萨拉马戈的《失明症漫记》，充满乌托邦气质，并凭此获诺贝尔文学奖。当时的颁奖词如是说："用想象力、同情心和反讽所维系的寓言，持续不断地让我们把握到捉摸不定的现实。"可谓对乌托邦文学作品的惯用艺术手法做出了高度精练、准确的概括，即想象、反讽与隐喻。

其中，想象是现实所不具备的，但想象与现实紧密关联，是人们对现实事物加工改造形成关于事物未来状况的认知。想象作为一种艺术表达方式，广泛运用于文学创作之中；而想象之于乌托邦文学，体现了其核心特质，也承载了乌托邦文学创作者的审美品格和价值追求。乌托邦小说对人物形象的刻画不同于以滑稽言行为主要表现的讽喻性喜剧，更加注重描写人物生存环境的荒谬、腐朽、衰败，以及人物在强权统治下被压抑的精神状态，以一种无可奈何的嘲讽态度表现个人与环境的格格不入，借他们的行为讽刺社会现实，表达对现存社会秩序的不满，并以此反衬出何为真正的理想现实。反讽这种古老且恒久的艺术手法，不仅变成我们日常的一部分，而且直指我们的思想层面，具有强烈的现实意义。对于乌托邦文学来说，没有反讽就不是真正的乌托邦文学。

具体到《怎么办?》一书，在全面深入的文本分析后，我们发现，这不仅是一部承载乌托邦思想的文学力作，更是体现车氏反讽语言风格的代表作，从侧面印证了乌托邦文学与反讽的密切关联。于车氏而言，反讽既是躲避沙俄书报审查制度、实现“言此意彼”的手段，也是修辞手法、辩论技巧，更是一种人格化体现，是一种能力和生存状态，能够与所讲话语从整体上保持疏离。他对反讽的理解和运用上升到了哲学思辨的层次。

第一节　呈现乌托邦思想的反讽

反讽，最早源于古希腊，与最早见于柏拉图《理想国》的“eironeia”一词颇有渊源。克尔凯郭尔认为：“首倡、引进反讽的是苏格拉底”，“他说的话总有别的含义。总而言之，他的外在和内在不和谐统一，其实毋宁说他的外在和内在总是背道而驰。”[①]在同论敌的辩论中，对反讽的运用是苏格拉底一种重要的修辞策略。亚里士多德将“eironeia”(自贬式佯装)放在比反义词“alazoneia”(夸耀式佯装)更为重要的位置。与此同时，起初指行为方式的术语“eironeia”，渐渐地也用来指虚假语言的运用。从 1502 年“irony”一词在英语里出现直到 18 世纪以后被广泛使用，中间大约两百多年时间里，反讽主要作为修辞手法而被使用，其目的是表现“言在此意在彼的表象与真实的对立”。虽然反讽后来衍生出了各种变体，但仍保留着这一基本内涵。以上主要作为修辞存在的事实，是反讽概念的早期形态。后来，随着社会文化背景的演进，以佐尔格为代表的德国浪漫学派于 18 世纪、19 世纪极大拓展了反讽的概念，形成众所周知的德国浪漫反讽形式。随着近代工业的盛行和资本的急速累聚，物质世界得到了前所未有的丰富和发展，与之同时也加速了人类与精神家园的疏离，从根源上助推了反讽修辞手法和言语风格的发扬光大。

再观乌托邦文学，对现实世界不满是因，萌发构建理想天国是果，在此过程中不可避免地对现实进行着批判和讽刺，是故乌托邦文学主题具有反讽性。在某种程度上，乌托邦文学与反讽甚至可成为一对“孪生兄弟”。讽刺现实是其内在基调，文学风格的反讽常常表现在乌托邦理想与现实的悖论，美与丑意象的对立上。就动机而言，历史上每一种乌托邦思想的产生都源自对现实的不满，它们共同指向的是对人类理想生存愿景的描绘。哈贝马斯(Jürgen Habermas)曾指出乌托邦与幻想的不同：“幻想建立在无

---

① 克尔凯郭尔著，汤晨溪译：《论反讽概念》，北京：中国社会科学出版社，2005 年版，第 1、5 页。

根据的想象之上，是永远无法实现的，而乌托邦则蕴含着希望，体现了对一个与现实完全不同的未来的向往，为开辟未来提供了精神动力。乌托邦的核心精神是批判，批判经验现实中不合理、反理性的东西，并提出一种可供选择的方案。”[①]“反讽的根本存在正是因为人的理想、追求和信念与其所生活的现实世界中的悖谬性、荒诞性和矛盾性的对立。”俄罗斯的舍斯塔科夫(В. П. Шестаков)则认为，在文学领域，“乌托邦通常从对现实的批判成长出来，它描绘社会的进一步发展和可能的道路，草拟了各种不同的未来社会方案……‘乌托邦’和‘乌托邦的’广义上用来表示包含改造社会的非现实的思想、哲学文章和专著”。《理想国》《乌托邦》《太阳城》等乌托邦文学经典，无一例外，行间字里均流露出对现实社会的不满、批判和讽刺，其中《乌托邦》中“羊吃人”的描述更是成为后世流传的反讽典型。

车尔尼雪夫斯基所处的俄国社会，资本主义正在萌芽，社会主义革命也在酝酿之中，一切位于将变未变之时，充满了未知和不确定性。在俄罗斯，“诗人不仅是诗人”。“俄罗斯向何处去”这一时代命题，深深刺激着车氏忧国忧民的神经，时刻激发着他批判现实、改造俄国社会的沉思。而《怎么办?》中大量乌托邦场景的描述，表达了作家对理想生活的向往以及对人类生存境遇的思考，亦彰显了19世纪俄国平民知识分子的社会责任担当。此外，《怎么办?》通篇无处不在的反讽，与主人公韦拉的梦共同实现了车氏乌托邦图景的对立统一，让我们从既破又立的情节安排中感受到强烈的乌托邦气质。正如卡尔·佐尔格所言：“真正的反讽始于对整个世界命运的沉思。”[②]加之，当时沙皇俄国严苛的书报审查制度，迫使车尔尼雪夫斯基选择以迂回批判的反讽方式或隐喻来表达个人忧思，以及对现实腐朽世界的不满。反讽逐渐融入车氏的日常生活，成为其独树一帜的写作风格。于车氏而言，反讽不仅是“伊索寓言式语言”，不只为了“骗过”彼得保罗要塞的书报审查员，更是一种渗入肌体的方法论和世界观。

第二节　对“庸俗人”的反讽

《怎么办?》一书的批判矛头直指俄国社会中人的异化状态——庸俗。

① 章国锋：《哈贝马斯访谈录》，《外国文学评论》，2000年第1期，第27—32页。

② 转引自D.C.米克著，周发祥译：《论反讽》，北京：昆仑出版社，1992年版，第28页。

人要从根本上摆脱庸俗，才能改变恶的社会环境、腐朽的沙皇专制制度，开出生命存在和尊严的美丽之花。对庸俗的批判让车氏乌托邦书写的现实观照显得更为深远深刻。

我们看待《怎么办?》中的“庸俗人”通常从两重情绪出发，就像鲁迅先生对上世纪初中国普通民众的感受一样，“哀其不幸，怒其不争”，既有讽刺又有同情。车氏认为，对细节的过分修饰和加工将损害整体的统一性，对部分的突出表现可能分散艺术家对重要方面的关注。车氏从不对细微事务和日常生活着墨过多，但其精细的细节表现，勾勒出的生活图景又是如此生动活现。车氏讲述韦拉成长的家庭环境时写道，“后院无数黑色楼梯中最脏的那一梯”；为了丈夫升官，不惜以妻子的名节为代价；为了教育孩子和丈夫，甚至动手打人，在特别隆重的场合必须严格遵守传统，用敲后脑勺的方式灌输宗教信仰。“傻瓜，你只顾盯着教堂瞧稀罕，干吗不往脑门上画十字？你想必也知道，好人没有不画十字的!”[①]家庭状况的日常细节，“食橱……，玛丽娅·阿列克谢夫娜不把钥匙交给任何人”，里面锁着糖罐和茶叶；“淡茶加以小块糖，可就大不一样，简直叫人恶心”[②]；昨夜剩下的牛肉汤用来做馅饼等，这就是“庸俗人”的世界，是他们生活的一面。另一面看起来却是光鲜，住着的房子“沿着临街一座最考究的前楼梯走上去”。各种仆人，有“男管理人”、“年老”和“年轻”的女佣，以及虚伪的母子关系、在最“时髦”的餐厅晚餐。如斯日常生活细节均被车氏灌注了讽刺腔调。同时，我们从作家对文中有关主人公的称谓亦能看见赤裸的讽刺，如“庸俗人”“腐朽人”“落后的人”。我们从字里行间常可感受到嘲笑和讽刺，但也能发现那些看透生活本质却不绝望，仍积极帮助他人挣脱现世的愿景。

“有一次，——当时韦拉·帕夫洛夫娜还小，如果女儿已经成年，玛丽娅·阿列克谢夫娜决不会当着她干这个，可是那时候为什么不干呢？反正小孩子还不懂事！韦罗奇卡自己确实不会懂得，幸亏厨娘对她解释得很明白。厨娘本来也不想解释，因为小娃娃不应该知道这些，但是她为了跟姘夫饮酒作乐，被玛丽娅·阿列克谢夫娜狠狠地打了一顿以后(不过玛特辽娜的一只眼经常带着伤，不是玛丽娅·阿列克谢夫娜而是姘夫打伤的。

---

① 车尔尼雪夫斯基著，蒋路译：《怎么办?》，北京：人民文学出版社，2019年版，第17页。
② 同上书，第25页。

这样也好，因为伤了眼睛的厨娘不值钱!)，心里憋不住，就那么捅出去了。”[①]此处，同一时期关于世界的不同概念融合在一起，反讽意味随之而成。玛丽娅·阿列克谢夫娜的负面形象，通过揭示其行为背后的价值观更加凸显。“可是那时候为什么不干呢?”“伤了眼睛的厨娘不值钱!”这些心理和言行的结果就导致厨娘“心里憋不住”，传递出“庸俗人”之间关系的负面印象。玛丽娅·阿列克谢夫娜和厨娘都明白，“小孩子不应该知道这些”，但是她们的生活实践却又和她们的所思所想大相径庭。车氏对玛丽娅·阿列克谢夫娜讽刺刻画时，借用同时代的第三人称(旁人)的视角加以佐证，对其形成“全方位”的讽刺。定义“讽刺人”时，车氏并未直接做出主观评价，而是通过小说人物相互评价，由此作家对当时社会中此类人的立场便跃然纸上。

车氏经常使用富有表现力的词语和熟语：“天生的恶棍”“技艺精湛的骗子”“欺诈之王”“高明的骗术”。书面语和俗语的再次搭配使用，让层次不同的词语类型合在一处，讽刺之感倍增。车氏从隐喻中找寻灵感，对玛丽娅·阿列克谢夫娜等庸俗之流极尽讽刺，这在一定程度上增强了小说的艺术表现力。“玛丽娅·阿列克谢夫娜满脸怒不可遏的样子……脸上的怒容消失了……还表现出恭候的样子：亲爱的，我们看看你吃点什么吧?嘀，玛丽娅·阿列克谢夫娜的眼睛好像再一次明亮起来……不过，疲惫的神经需要休息，玛丽娅·阿列克谢夫娜开始深思起来……”

车尔尼雪夫斯基善用重大历史事件和人物，在文本中同时运用崇高素材(截取自历史)和细琐素材(现实生活)，且不是单纯用作描写背景，而是作为小说人物活动的具体环境。车氏在讽刺玛丽娅·阿列克谢夫娜时写道：“情况是那么困难，玛丽娅·阿列克谢夫娜只好甩手不管了。滑铁卢战役以后拿破仑也有过同样的遭遇，当时格鲁希元帅像帕韦尔·康斯坦丁内奇一样糊涂，而拉法夷特又像韦罗奇卡一样捣乱起来。拿破仑也曾煞费苦心，创造过艺术奇迹，但是仍然无济于事，他只得甩手不管，说道：我什么都可以放弃，谁爱怎样处置他自己和我，就怎样处置吧。”[②]

车氏把拿破仑和玛丽娅·阿列克谢夫娜、格鲁希和帕韦尔·康斯坦丁内奇、拉法夷特和韦罗奇卡放到一起对比，将形容宵小鼠辈的词汇用来描

---

① 车尔尼雪夫斯基著，蒋路译：《怎么办?》，北京：人民文学出版社，2019年版，第16页。

② 同上书，第62—63页。

写杰出历史人物，“格鲁希元帅糊涂……，拉法夷特捣乱，拿破仑……煞费苦心，……却无济于事”，故意将玛丽娅生活的失败同拿破仑兵败滑铁卢相提并论，提升玛丽娅身上所发生的一切的悲壮意义。但显而易见的是，这两者无法相提并论，这正突出了玛丽娅·阿列克谢夫娜之流的狭隘、局限和渺小。为达到反讽效果，重要的不仅是使用历史人物和事件，表述腔调也非常关键，可引导读者去深入思考、探索隐藏其中的深刻意蕴。车氏继续写道：“欧洲骗子身上的许多人类弱点妨害了自己的作恶技术。所以，假定有谁指着一个狡猾的人对您说：‘这人是谁也骗他不了的。’那么尽可以大胆地用十卢布赌一卢布，说您为人虽不刁诈，却能骗住这个狡猾的人，只要您愿意骗他。您还可以更大胆地用一百卢布赌一卢布，说他自己也会欺骗自己，因为自欺是狡猾的人性格上最常见的共同点。这方面的能手恐怕要数路易·菲力浦和梅特涅，他们与众不同，竟把自己从巴黎和维也纳骗到富庶幽静的地方，在那儿悠闲地欣赏起牧童放牛图来了。拿破仑一世多么狡猾啊，他比他们俩更狡猾得多，据说他除了这种狡猾，还拥有天才的智慧。而他却巧妙地把自己骗到了厄尔巴岛，他还嫌不够劲，还想走得更远，有志竟成，终于把自己骗上了圣赫勒拿岛！这原是千难万难，几乎不可能的事，他居然有本领克服重重障碍，到达了圣赫勒拿岛！请读读夏拉斯的《一八一五战役史》吧，拿破仑欺骗自己时的劲头和手腕简直动人极了！可惜玛丽娅·阿列克谢夫娜也没有戒除这个有害的嗜好。”①

车氏此处运用历史类比的手法，将欧洲政客的狡猾与玛丽娅·阿列克谢夫娜的愚蠢相比较。成语“водить за нос”让讽刺之感油然而生，动词“водить”通常意为“确定行动者的运动方向，指出道路，帮助或强迫其与主体一道”。作者的独到在于，将该成语的动词改成“вывели”“провел”“дотащил”“тащил”，赋予完全不同的词汇表达意义。此处成语本来表否定，“欺骗，将(人)带入歧途”，但在文本语境下这种否定得到加强，出现明显的讽刺语调。

《怎么办?》中，车氏有时对众所周知、确凿无疑的“庸俗人”却大量使用敬称，或十分亲密友好的评价，或嗔责式的感叹，或指小表爱的呼语，

① 车尔尼雪夫斯基著，蒋路译：《怎么办?》，北京：人民文学出版社，2019年版，第98—99页。

让这些词汇产生明显的反差，创造出反讽意境，从而实现对所指对象进行抨击的目的。“玛丽娅·阿列克谢夫娜也有一宗小财产，她对她的干亲家们说是五千左右，其实不只这些。约莫十五年以前，玛丽娅·阿列克谢夫娜变卖了一位做官的兄弟遗下的浣熊皮袄、旧衣和家具，给这宗财产打下了基础。……第二天早上，玛丽娅·阿列克谢夫娜走到食橱旁边，……她甚至把玛特辽娜叫到食橱边，说道：‘随便喝一点吧，玛特辽努什卡，你也够辛苦啦。’”①

车氏借“表爱”之词，突显两方面的意思：一是嘲讽玛丽娅这类群体金钱至上，二是鄙视他们获取利益的方式。针对19世纪俄国现实，车氏重点讽刺和批判玛丽娅之流的思维方式，拿韦拉的嫁妆来说：“不可以什么都不给，因为高尚的礼节不允许，而玛丽娅·阿列克谢夫娜总是严格遵守高尚的礼节。”我们从其身世可以发现，玛丽娅完全不是知礼重节的人，其“高尚”面目就在这简短词语间消解了。

在玛丽娅·阿列克谢夫娜自己的谈吐中也可见到讽刺，但不是她个人的智慧，而是揭示其概念中的自相矛盾之处。“拿个麻袋把他装到教堂去”，“揪着头发牵着他环绕读经台”，“父亲因为钱都让你花了，自己的肚子都饿瘪了”，玛丽娅·阿列克谢夫娜骂人的话一套接一套。“傻子，坏蛋，坏妞，游手好闲之徒，滑头，骗子，卑鄙的家伙，该死的，罪大恶极的，蠢驴，鬼东西，下流坯子”，各种不同的骂人词汇让玛丽娅的语言“缤纷多彩”。“好，我不碰你，不过明天你得高高兴兴的！好生睡一夜，傻瓜！不许哭。要是明天我看见你脸色发白，或是眼睛哭红了，你可要当心！以前我饶了你……往后再饶不了你啦。我不会爱惜你这张漂亮脸子，反正漂亮也没用，不如让你知道知道我的厉害！”②作家借此表现的不只是人物的气愤或愤怒，经常还是欣赏甚至允许。玛丽娅常用骂人的话，不是表达否定，而是表达“鼓励之意”。对洛普霍夫假装的狡猾，玛丽娅猜测，“这个滑头会有钱的。狡猾的骗子，就是这样的滑头”，同时附上解释，“可以说，他是一个正派高尚的人”。在玛丽娅看来，造物主赋予人各种特质的目的只是为了通过吹嘘、抢劫或贬低他人，以使自己发财。

---

① 车尔尼雪夫斯基著，蒋路译：《怎么办?》，北京：人民文学出版社，2019年版，第15、17页。

② 同上书，第22页。

简单粗暴、低俗、骂人的感慨及命令的语气，配合上虚伪的腔调和伪善的关心，不禁让人感到对她的强烈讽刺。“‘是啊，我应该感谢我主，’玛丽娅·阿列克谢夫娜说，‘韦罗奇卡在教钢琴方面很有才能，她能在尊府出入，我认为是一种荣幸。不过我这位女教师不大舒服。’”[①]“他(谢尔日)刚说出关于打赌的头一句话，她便一跃而起，疯疯癫癫地叫嚷起来，完全忘掉客人的尊贵了：‘原来是这么回事！呸，他这强盗！呸，他这混蛋！’”[②]通过这些言语描写，玛丽娅就立马激烈、敏锐地转达了她的思想、感受和情绪，她的心理状态也从一个人转向其他人。玛丽娅读书不多，是一个没有文化的底层小市民，但在其语言中却可遇到一些高雅词汇。车氏讽刺她的“苦苦挣扎”，通过“эль”一词产生双重意境(一为很烈的英国啤酒，又为针叶树)，以英语词汇和俄罗斯民间日常用词来制造双关语。“麦酒反正跟啤酒一样，不比啤酒厉害。尝一尝，玛丽娅·阿列克谢夫娜。”“你瞧这个机灵鬼！他自己不喝麦酒，只是抿了一口。……等我给米什卡跟她办喜事的时候，我不要伏特加，专喝这种麦酒。”[③]

作家对玛丽娅这个“庸俗人”的讽刺，除通过其言语特点表现外，亦从作家对玛丽娅内心世界的揭示和评论来呈现。“怎样对付混账女儿和那个不招自来的下流女婿呢？诅咒吗？这倒不难，可是只能当作一种附带的办法。”[④]车氏可谓把握人物心理的大师，在提纲挈领中让玛丽娅的谈吐修养、情绪感受跃然纸上，虽然作家本人不赞同其观点。“玛丽娅·阿列克谢夫娜比任何人知道得更清楚：打官司是要花很多钱的，打这种具有理想的魅力、使她跃跃欲试的官司，更是需要大把大把的钱，并且会拖延很久，而被迫掏出了一大堆钱还得不到一点结果。”[⑤]车氏的评论语气是讽刺性的，同时也是同情的。在车氏眼里，玛丽娅有各种毛病，但只算是“愚昧”群体的典型，而不是“大恶棍”。

帕韦尔·康斯坦丁内奇，玛丽娅的丈夫，也是文中的“庸俗人”，对其刻画相对粗略，但依然鲜活真实。帕韦尔一生都坚持“必须有良心”，因此只背着女房东私藏了三千卢布，其余都吃喝掉了。在“会来事”和性格强悍

---

① 车尔尼雪夫斯基著，蒋路译：《怎么办?》，北京：人民文学出版社，2019年版，第39页。
② 同上书，第44页。
③ 同上书，第143页。
④ 同上书，第174页。
⑤ 同上书，第175页。

方面，他远逊色于玛丽娅，但仿佛对庸俗生活具有天生的适应性，让其在仕途得以进步。玛丽娅“酒醉后的倾诉”，以及帕韦尔本人与女房东辩论的场景是为例证。他的语言很有表现力，向女房东解释时，明显带着多年公职生涯养成的虔诚；一直使用“她不敢抱这种奢望”“她永远不敢违背您的旨意”这样的语言；在配偶大怒时完全不敢争辩，并且说出伪善的话：“上帝让婴儿增长智慧。”①

从人类学的视域看，作者对《怎么办?》里的不同“庸俗人”形象进行了区别性描述。首先，对安娜·彼得罗夫娜及其子谢尔盖、索洛夫佐夫的讽刺十分辛辣。车氏笔下的安娜·彼得罗夫娜是一位愚蠢、暴躁、傲慢的女房东。虽未过多进行日常细节描写，但作家的交代极为精准、直接命中靶心。“把我的蓝丝绒大衣找出来。这件大衣我送给您太太，值一百五十卢布(其实是八十五卢布)呢，我只穿过两次(其实远远超过二十次)。安娜·彼得罗夫娜递给管理人一块小巧的女表，‘我送给您女儿’，我当初花了三百卢布(其实是一百二十卢布)。我知道怎样赏您，今后也忘不了您。我对于青年人的胡闹是宽大的。”②车尔尼雪夫斯基在描写玛丽娅·阿列克谢夫娜时也使用了这种手法。玛丽娅·阿列克谢夫娜“又给她定做了两件考究的新裙衫，但是衣料，一件就值四十卢布，另一件五十二卢布，外加绉边、缘带和工钱，两件裙衫竟花了一百七十四卢布，至少玛丽娅·阿列克谢夫娜是这样对丈夫说的。韦罗奇卡却知道总共还没有花上一百卢布，因为定购时她也在场”③。

作家对朱莉轻佻、浮躁、狂妄和堕落的讽刺采取了相对宽容的态度。“朱莉伸出手来，韦罗奇卡却跑过去搂住她的脖子，又是吻，又是哭，随后再一次吻了她。朱莉当然更是把持不住，因为她不像韦罗奇卡那样能忍住眼泪，况且她做的是一件高尚的事情，她从中得到的喜悦和自豪感使她大为激动。她痴痴迷迷，说了又说，不断地流泪和接吻，最后慨叹道：‘我的朋友，我亲爱的孩子！啊，但愿你永远不知道我现在的感觉，多年以来，我的嘴唇第一次触到了两片纯洁的嘴唇。你宁可死，也莫吻你所不爱的人啊！’”④我们可以发现，车尔尼雪夫斯基有意对朱莉的反应进行夸张

① 车尔尼雪夫斯基著，蒋路译：《怎么办?》，北京：人民文学出版社，2019年版，第58页。
② 同上书，第59-60页。
③ 同上书，第19页。
④ 同上书，第42-43页。

处理，从她的口中发出令人印象深刻的感叹，看似违背了人物本身的设定特征，实则赋予小说人物自我评价的权利，展现作家关于时代的深度思考，朱莉不单是“庸俗”的代表，也是社会环境、陋习的受害者。同时，着重强调了该人物形象的善良本性，指出其优秀品质：“她(朱莉)感到喜悦和自豪，因为自己正在做一件高尚的事情。”文中与朱莉相关的描述大多具有深刻含义，如“治愈伤口的香膏”“阴暗中的救赎之光”“无底沼泽中的康庄大道”等。可以看出，这些话语是在讽刺性地模仿“可爱的马尔林主义，它虽然早已过时，但还没有被完全丢弃在我国文学的垃圾堆里”[①]。车氏因其曾经的宗教学习教育背景，在文学创作中常有从神学经典借用之语。朱莉说出了《圣经》短语“把烟灰撒在罪恶的头上”，这句话从风月场的女人口中道出，不仅不符合其道德形象，也不符合整个口语环境：“约翰，把烟灰缸递给这个背弃美人的罪犯，叫他用烟灰撒满他那罪恶的脑袋!”[②]此处的日常闲聊用语与《圣经》中对人民灾难表示深切悲痛和哀悼仪式上使用的成语极不相称：“烟灰”——来自烟灰缸，“罪人”——生活放荡的人，“美人”——情人，“犯罪”——一个情人被另一个情人取代。值得高度重视的是，作家此时的情节和叙述安排，其乌托邦思想内核已初露端倪，即旧环境下的“庸俗人”在大彻大悟、在他人引导感染下，亦可变革为新环境下的“理想人”，表现出车氏关于未来理想社会的建构是基于历史传统环境的改造和革命，而不是凭空臆想和不切实际的虚语。

对玛丽娅·阿列克谢夫娜来说，世界上所有的事情都以钱为中心。为了鼓励她的女儿，奖励女儿的听话，她想不出比给女儿一份明码标价的礼物更好的做法。当玛丽娅·阿列克谢夫娜意识到她的女儿已经结婚并离开了她时，她在心里大喊：“她被抢了!”而且一路走来，她在心里不停地感叹，有时还大声感叹道：“被抢了!”此时，车氏对“庸俗人”采用了特殊的反讽描画。她站在街道中间骂人，她注意到“这时已经有四五个小伙子把她团团围住，他们是在客商市场的圆柱附近卖杂货的。小伙子们欣赏着她，纷纷议论，言语间多少有点儿失敬，他们对她说了些俏皮的恭维话，但也给了她善意的劝告：‘好样的太太，这么早就喝醉啦，好能耐的太

① В. В. Межебовская. Ирония как философско-эстетическая категория в романе Н. Г. Чернышевского “Что делать?”. Оренбург: Оренбургский гос. пед. ун-т им. В. П. Чкалова, 2000.

② 车尔尼雪夫斯基著，蒋路译：《怎么办?》，北京：人民文学出版社，2019年版，第28页。

太!'——'太太呀太太，买我五个柠檬吧，吃点儿柠檬不管用，还是再去喝几杯，解解宿醉吧!'——'太太呀太太，你骂得好凶，我们打个赌，看谁骂得过谁!'跟玛丽娅·阿列克谢夫娜离得最近的对话人是个十七岁左右的小伙子，他向她伸伸舌头，态度不算粗野。玛丽娅·阿列克谢夫娜自己也忘了在干什么，就动手去揪他的耳朵，打落他的帽子，又趁便抓住了他的头发。这可使其余的对话人兴奋得无法形容了：'好样的太太！揍他，太太!'有的人却说：'费季卡，你还手啊!'但是大多数对话人坚决站在玛丽娅·阿列克谢夫娜一边：'费季卡哪里是这位太太的敌手！揍啊，太太，揍费季卡，对他这个王八蛋就得这么着。'这时候除了那批对话人，还有一大堆看客：马车夫啦，小铺掌柜啦，过路的啦。玛丽娅·阿列克谢夫娜仿佛刚刚苏醒似的，用最后一个机械性的动作把费季卡推得老远，便往街道对面走去了。她背后扬起那批对话人的一片热烈喝彩声。"[①]讽刺因各种语言类型的融合而产生，即知识分子语体和市井俗语并用。"交谈者"谈论玛丽娅·阿列克谢夫娜的"优点"，并对她说了"俏皮的恭维话和善意的劝告"。同时，"头发正好在手边"反映了玛丽娅·阿列克谢夫娜的迅捷、凶残。而"揪住离她最近的交谈者的耳朵"，由于知识分子语体("交谈者")和市井俗语("揪住耳朵")相互杂糅就让叙述显得滑稽可笑。

对于车尔尼雪夫斯基而言，梦具有重要的内涵和意义，它隐喻式地折射出改造现实世界的动机和立场。在洛普霍夫以女婿的身份来访后，玛丽娅·阿列克谢夫娜没有和这个"强盗"争吵，她只是做了个梦。因为玛丽娅·阿列克谢夫娜认为，人生的一切都应与金钱紧密联系在一起。在她的梦里，韦罗奇卡满足了"慈母"欲望的极限。梦中的她极其富有，穿着华丽，并千方百计炫耀道："您瞧，妈，我丈夫把我打扮得多漂亮！……单是料子就值五百卢布，这在我们不算一回事，妈，这种衣服我足足有一打……您瞧瞧我的手指！……这枚戒指值两千卢布，妈，这个更贵，妈，值四千卢布，……这枚胸针还要贵，值一万卢布!"[②]车尔尼雪夫斯基特意将玛丽娅·阿列克谢夫娜和安娜·彼得罗夫娜对等起来，强调二者共同的特点，尽管她们之间存在阶级差异。

两个不同阶层的女人，一经对比，反讽意图就已实现。车氏善于发掘

① 车尔尼雪夫斯基著，蒋路译：《怎么办?》，北京：人民文学出版社，2019年版，第170页。
② 同上书，第177—178页。

人身上同时存在的意图多元性，使其面临选择，并根据最终决定得出一个确切但往往具有嘲讽性的结论。玛丽娅·阿列克谢夫娜所有计划彻底泡汤后，帕韦尔·康斯坦丁内奇向妻子认错，安娜·彼得罗夫娜当着他的面谴责了其妻“卑劣的思想和行为”，并“要求帕韦尔·康斯坦丁内奇把妻子赶出家门，但是他苦苦哀求她，加之她自己说这话的时候也是虚张声势的成分多，正经的成分少”[①]，然后她对“决议”感到满意，因为完全符合她的管理权威。意图的性质和个人最终选择之间的矛盾，让整个人物形象立体化，让读者充分感受到蕴含其中的滑稽和讽刺。玛丽娅·阿列克谢夫娜幻想报复洛普霍夫时，也有同样的表现：“收效最大的方案是叫两个看院子的躲在厨房里，让他们照特定的信号朝洛普霍夫身上扑过去，狠狠地揍他一顿。最悲壮动人的方案是从自己和帕韦尔·康斯坦丁内奇口中，对忤逆女儿和那个强盗庄严地宣布父母的诅咒。”[②]

我们可以发现，车氏本人尽力避免对小说中的人物进行直接评价，采取文中人物互评的方式表达内心的价值立场。如评价斯托列什尼科夫时，以其与韦罗奇卡谈话时引入玛丽娅·阿列克谢夫娜：“可是他为什么瞪着眼睛呢？话又说回来，傻瓜毕竟是傻瓜，他就光知道睁着两眼发呆。”[③]车氏为表达对现实中的人和物的看法，通过《怎么办?》中人物的言语体系来表达，以追求艺术与现实的统一。斯托列什尼科夫第一次在罗扎利斯基家见到洛普霍夫时，“认为不仅要看看教师，还要在看过以后，用上流社会里常见的那种漫不经心的滞缓的眼光，把他从头到脚打量。可是他刚开始打量，就发觉教师并不同样打量他本人，而是更坏：照直盯着他，并且盯得那么专注，求婚人(指斯托列什尼科夫)只好不再打量，……求婚人感觉他的左手不知为什么在逐个摸弄他制服上第二和第三只纽扣。唔，如果他慌乱得摸起纽扣来，那就表明他除了赶快喝完这一杯茶，请玛丽娅·阿列克谢夫娜再给一杯之外，已经没有别的办法了”[④]。不仅如此，洛普霍夫还敢问他问题。“他这样盘问我，仿佛我是他的传令兵似的。”[⑤]

---

① 车尔尼雪夫斯基著，蒋路译：《怎么办?》，北京：人民文学出版社，2019年版，第172—173页。

② 同上书，第173页。

③ 同上书，第35页。

④ 同上书，第76—77页。

⑤ 同上书，第77页。

车尔尼雪夫斯基还惯用谚语营造讽刺意蕴，讽刺往往出现在对谚语出乎意料的解释。玛丽娅·阿列克谢夫娜对谚语“学则明，不学则愚”进行了思考，“对，怪不得常言道：学则明，不学则愚。如果我是受过教育的人，难道还会像现在这样子吗？我可以提拔丈夫当将军，在军粮部门或是别的什么部门给他找个位置……到那时候，我就不会盖这样的破房子，买进的农奴也不止一千了。”[①]《怎么办?》中的谚语有时不以原义面貌出现，如“若要贼不偷，东西莫乱丢”。车氏在表达玛丽娅·阿列克谢夫娜的观点时，称洛普霍夫为“小偷”。在她眼中，“德米特里·谢尔格伊奇毫无疑问是一个贼，这意思并非骂他，倒是夸他，否则为什么要尊敬他，把他当作好朋友呢？难道你会跟傻瓜结交吗？……但是如果说任何人都存着些坏念头，那么这样一个聪明人更不在话下了”[②]。小说语言结构引入的谚语从字面上看与全文融为一体，使其具备反讽“基调”。洛普霍夫对玛丽娅·阿列克谢夫娜说：“‘本来嘛，玛丽娅·阿列克谢夫娜，您我都是老麻雀啦，用糠皮可骗不了我们。别看我年轻，我也是个老麻雀、老油子，对不对，玛丽娅·阿列克谢夫娜?’——‘对呀，好兄弟，是老油子，老油子!’”[③]在这里，车尔尼雪夫斯基用了两句谚语：“老麻雀不上谷糠的当”和“不研磨，不揉搓，不会有白面包”。实际上，他只是部分引用第二句谚语：“老油子”。作家综括了这句谚语的原义，并将其应用于不同社会阶层群体，包括洛普霍夫就如是向玛丽娅·阿列克谢夫娜介绍自己。此外，还有基尔萨诺夫、玛丽娅·阿列克谢夫娜自己和拉赫梅托夫等。在谚语和俗语的使用中，讽刺意味显而易见。车氏在使用这些语言的时候展现出精湛技巧，以使读者重新感受、重新解读，让作家对现世的立场和看法得以立体呈现。“您的内心生活世界也像房间一样。任何人都可以为了任何鸡毛蒜皮，而且多半只为了拿您的私事给他磨磨牙，就毫无必要甚至毫无用意地钻进这个世界来。”[④]谚语之所以重要，一方面是因为它的形式和文体特点，另一方面因为其内容。整句话的语义和意境取决于作家赋予它怎样的含义。

谚语和俗语具有口语性强、通俗易懂、辨识度高的特点。作家从抒发思想的目的出发，赋予其新义，利用词语间的相互对比、相互映衬突出讽

① 车尔尼雪夫斯基著，蒋路译：《怎么办?》，北京：人民文学出版社，2019年版，第111页。
② 同上书，第101页。
③ 同上书，第139页。
④ 同上书，第381页。

刺效果，并在频繁使用中形成车氏独有的言语风格。玛丽娅·阿列克谢夫娜形容自己丈夫时，使用了比喻“像木头一样干坐着”，表现了她对丈夫性格的轻蔑和讽刺态度，“一个温顺的木头，能干什么?”尽管在受教育程度和社会地位上有巨大差别，但“她准备了块面包防老”“勉强糊口”“装满口袋”“很有钱”“把小伙控制在手掌中”“用渔网捞自己”等俗语，亦被《怎么办?》中人物常用。

古斯拉夫语也经常被车尔尼雪夫斯基用于讽刺“庸俗人”。“女房东开始发表她的赦罪演说，长篇大论地数落玛丽娅·阿列克谢夫娜的思想和行为的卑劣……”[①]“赦罪”一词不会在口语和文学语言中使用，而是从宗教用语借用到具有讽刺色彩的小说中。根据车氏的宗教神学理解，“赦罪”使读者联想到词组“赦免祈祷”(又称“宗教仪式结束时的祈祷”)，与文中语境显然不符，反讽意味由此产生。礼拜结束时，由牧师在教堂的圣障中门前宣读“赦免祈祷”，以示允许祈祷者回家。在无关紧要的小事和小人物的言语中使用高级词汇，也可让讽刺之感油然而生，“斯托列什尼科夫满心欢喜：吃晚饭的时候，这个法国女人找他说话，已经是第三次了”[②]。因此，在对“庸俗人”的描写中，经常会感受到作者的嘲讽，一个智者的反讽。我们可以明显感觉到的是，车氏在描述“万恶”的旧社会时并不是一种完全绝望的心态，对“庸俗人”刻薄甚至恶毒的讽刺，不是为了逞一时之快，也不是单纯为了表现对现实政敌的隐晦抨击，而是饱含着人道主义情怀，具有深刻的教化意义和功能，试图帮助当时的社会大众走出困境。

第三节　对“敏感男读者”的反讽

车尔尼雪夫斯基形容《怎么办?》的“敏感男读者”为“洞察一切的”，而这不是其第一次如是使用。车氏早在1855年的《果戈理时期俄国文学概观》中，为讽刺俄国文学反动阵营代表舍维廖夫，就将其称为“洞察一切的批评家”。在1859年的文章《作为政论家的Г. 奇切林》中，读者，普通人，与“洞察一切的人们”格格不入；“洞察一切的人们立刻想到，我们是在反抗良知，保护骗子……对于你们读者，对于你们普通人，因为没有天生的

① 车尔尼雪夫斯基著，蒋路译：《怎么办?》，北京：人民文学出版社，2019年版，第172页。

② 同上书，第27页。

令人赞叹的洞察一切的品质，……这些动机是什么，我们应该解释清楚：不是为了你们——读者，普通人，而是为了洞察一切的人们。”[①]因此，车尔尼雪夫斯基在小说中使用讽刺性表达“洞察一切的”，是在延续自己的批判性做法，将政论作品的传统融入文学创作之中。

在《怎么办?》中，车氏通过与“敏感的男读者”进行谈话，以表达坚守的政论思想。选择交谈对手时，作家没有立即着手选择“敏感的男读者”作为日常类型，而是在需要着重突出表现内心思想时，才让其以政论插叙角色出现。我们可以梳理小说中的各种读者类型，以观其人物形象体系设计路径，其中的《序幕》一章作为概括和总览。一是男性读者(暂时指任意一名男性读者)，而不是女性读者：“女读者大概也想到这一点，但是她认为不必说出来，所以我没有理由跟她争论。”[②]二是普通读者：“读者啊，你们很良善，因此你们无力识辨，也不够机灵。”[③]三是憨厚的读者：“作者估不到渲染，憨厚的读者，因此他尽想着你们的头脑多么糊涂。”[④]四是最憨厚的读者，借此增强情感表达：“读下去吧，最憨厚的读者！读一读不是毫无益处的。”五是使用物主代词，赋予称呼鲜明个性，与讽刺性语调结合，并在称呼前利用插入语加强语气，这样的称呼链条促使第一次谈话达到最高潮：“不过，我最憨厚的读者，我既然跟你们交谈，就该把什么都彻底抖出来，因为你们虽然喜欢猜测人家没有说完的话，却又不善于猜测。”[⑤]

车氏不断发掘自己的谈话对手，采取层层递进的方式，逐步构思出“敏感的男读者”：“哎，不过，这些不展示给敏感的男读者吗?”“敏感的男读者”逐渐成为独立的概括形象，通常出现在新情节转折的章节里。韦拉·帕夫洛夫娜开始第二次爱情时，他们就认为这是不道德的了。作家从普通读者中挑出“敏感的男读者”并强调，自此以后只与他们交谈：“敏感的男读者，——我只对男读者讲话，女读者十分贤明，不以心灵智巧自诩，令人生厌，因此我一言为定：我不对她们多讲。男读者中间也有不少并不愚蠢的人，我也不对这些男读者讲话。但大多数男读者，几乎包括所

---

① В. В. Межебовская. Ирония как философско-эстетическая категория в романе Н. Г. Чернышевского “Что делать?”. Оренбург：Оренбургский гос. пед. ун-т им. В. П. Чкалова，2000.

② 车尔尼雪夫斯基著，蒋路译：《怎么办?》，北京：人民文学出版社，2019 年版，第 11 页。

③ 同上。

④ 同上书，第 12 页。

⑤ 同上书，第 12—13 页。

有的文学家和末流文士在内，都是敏感的人。”[①]这样一来，称呼最终定型。值得指出的是，“敏感的男读者”在小说《怎么办?》中不仅仅是作者的对话方和辩论对手。为了使“敏感的男读者”成为行为的参与者，车尔尼雪夫斯基使用了“隐私化”的修辞手法：“提起他(男读者)的兴趣，并以自己独特的优雅方式消遣这些兴趣。”[②]“隐私化”是一种古老的修辞手法，卡拉姆津和普希金都使用过，19 世纪 60 年代的屠格涅夫也曾运用。利用这种手法，作者开始与自己的读者接触，让后者成为情节参与者，以自己的叙述过程、自己的情感最大程度引导读者作为参与者领会作者意图。

车尔尼雪夫斯基扩大了“隐私化”手法的使用范围。称呼作为叙事“隐私化”手法的一种变体，车氏将其用于增加整部小说的反讽“强度”，以完整表达整部作品的主旨思想。他使用“敏感的男读者”这一称呼，不仅是让其对作者语言保持敏感，也为评价该类读者群体，对其进行辛辣甚至“恶毒”的攻讦。在《与敏感的男读者的对话和他被轰走》一章中，车尔尼雪夫斯基使用了以下话语：“敏感的男读者啊，你说说看，为什么我要写这个拉赫梅托夫呢? 你早就听我说过，他是个与情节无关的人物。”“你在你所热衷的审美评论方面真是太不高明，阁下。”[③]与小说中其他类型读者相比，“敏感的男读者”是作品中的行为人。有时作者与“敏感的男读者”的意见达成一致，于是出现了“我们”，这样做实际为了便于揭露他们的世界观。“如果玛丽娅·阿列克谢夫娜偷听到这次谈话，她会怎么想? 我们，听完这次谈话，从头至尾，愿意和盘托出，跳卡德里尔舞的时候进行这样的谈话十分奇怪。”我们，就是“敏感的男读者们”，难以理解男女之间人际关系的本质。或者：“于是他们(洛普霍夫和韦拉·帕夫洛夫娜)开始谈话，对于第一次交谈的新郎和新娘来说，话题有点怪。”有点怪异，不是对于作者，而是对于那些“敏感的男读者们”来说的。为了营造讽刺韵味，车尔尼雪夫斯基在作者的话语中使用了“别人的话”来传递“别人的意识”。《怎么办?》中多次使用这种手法。我们不传递作者的观点，而恰恰相反，是为揭露作者对对手、政敌——“敏感的男读者”的思维：“我们只需要事实”，

---

① 车尔尼雪夫斯基著，蒋路译：《怎么办?》，北京：人民文学出版社，2019 年版，第 237 页。

② В. В. Межебовская. Ирония как философско-эстетическая категория в романе Н. Г. Чернышевского “Что делать?”. Оренбург: Оренбургский гос. пед. ун-т им. В. П. Чкалова, 2000.

③ 车尔尼雪夫斯基著，蒋路译：《怎么办?》，北京：人民文学出版社，2019 年版，第 369 页。

“我们没有任何权利谴责她”，等等。有时作者会嘲讽地附和“敏感的男读者”，但只是为了随后立即批判他们的错误论断。车氏关于韦拉·帕夫洛夫娜阅读《十日谈》的情节时这样写道：“‘多么不道德！’我和敏感的男读者说道，‘女人读薄伽丘！只有我和他才可以读。’”[①]这里的“我们”消失了，出现的是“我”，作者以自己的名义，讽刺地讲述敏感的男读者的“教导”，而“一个女子五分钟内从敏感的男读者嘴里听到的文雅的淫词秽语，比她在薄伽丘全部作品中发现的还要多”[②]。

与“敏感的男读者”的谈话对于理解小说暗含的讽刺十分重要。“与读者的对话……以一种消遣、玩笑或讽刺的语调贯穿整个小说，组成相互关联且独特的内在逻辑纲目，仿佛是对小说主人公‘本体’‘意识形态的调谐’。随着我们对作品的深入，‘敏感的男读者’逐渐呈现出滑稽的普通类型特征，进而演变为整个艺术作品的重要组成部分。与他们的谈话经常出现戏剧性的活跃气氛(例如，他被赶走以及再次出现)，作家借此既触及形式上的诗学问题，又阐发作品的主旨意义，促使我们思考当时社会中最新出现及最尖锐的矛盾问题，但因沙皇的严酷统治，不允许大声疾呼，故只能悄悄地、不断暗示地揭开……小说的中心思想。”[③]笔者认为，将与“敏感的男读者”的谈话融入小说叙事，不仅在结构上强调了作品的中心思想，而且也创造了一种始于“序言”、贯穿整部小说的暗讽腔调和反讽氛围。

Н. Г. 博兰多娃对《怎么办?》的语言特点有较为深入的研究，认为“与敏感的男读者的谈话十分接近甚至可以定义为对话”[④]。这种“假想的对话”是独白的一种独特形式。车氏设计的此种对话随和，有时甚至“恣意而为”不受拘束。它们之间的各个片段相互关联，并通过插入的语句、扩展的评论，逐渐演进为作者的独白：“‘敏感的男读者啊，你说说看，为什么我要写这个拉赫梅托夫呢？你早就听我说过，他是个与情节无关的人物……’——‘不对’，敏感的男读者打断我的话头，‘拉赫梅托夫是个重要角色：他带来了那张字条……’——‘你在你所热衷的审美评论方面真是太

---

① 车尔尼雪夫斯基著，蒋路译：《怎么办?》，北京：人民文学出版社，2019年版，第439页。

② 同上。

③ Н. Л. Бродский, Н. П. Сидоров, Комментарий к роману Н. Г. Чернышевского “Что делать?”. Москва : Мир, 1933, С. 56.

④ Н. Г. Бландова. Языковые и жанрово-стилистические особенности романа Н. Г. Чернышевского “Что делать?”. Москва, 1974, С. 59.

不高明，阁下’，我也打断他的话头，‘这么说来，你认为玛莎也是重要角色啰？她在小说开头处同样带来过一封信，使得韦拉·帕夫洛夫娜大为惊慌’。”[①]“‘可是你怎么敢对我粗言粗语?’敏感的男读者向我嚷嚷，‘我要控告你，宣布你居心叵测!’——‘对不起，阁下’，我回答道，‘既然我尊重您的品格像尊重您的才智一样，岂敢对您粗言粗语……阁下，我向你提一个问题：我为什么还把拉赫梅托夫跟韦拉·帕夫洛夫娜的谈话告诉你呢?’”[②]“‘蓝袜子！简直是极端的蓝袜子！蓝袜子叫我受不了！蓝袜子又愚蠢又乏味!’敏感的男读者激愤而又带几分郑重的神气说。……‘敏感的男读者啊’，我告诉他，‘你讲得对，蓝袜子确实又愚蠢又乏味，叫人无法容忍。’”[③]车氏对“敏感的男读者”的讽刺毫不留情，经常将其话语直接加入作者的话语：“这样，敏感的男读者会说：我知道故事在朝哪儿发展，韦拉·帕夫洛夫娜的生活里要开始一次新的恋爱，基尔萨诺夫将在其中扮演一个角色。我知道得还要多：基尔萨诺夫早已爱上韦拉·帕夫洛夫娜，所以他才不再去洛普霍夫家。啊，你多机灵，敏感的男读者，只要对你说起什么，你马上指出：‘这我知道。’然后把你的敏感吹嘘一通。”[④]

对“敏感的男读者”的评判完全通过作家本人的独白揭示，这是车氏《怎么办?》反讽风格的一大特点。作家没有给出该类读者的具体相貌，但我们却能看见他，听到他的声音和腔调。在我们眼前会逐渐呈现出一个十分保守、不够机灵甚至有点愚蠢的人物形象，他的品味和艺术鉴赏力是缺失的。“我所以要如此详尽地描写这么一个凤毛麟角似的人物，并不是想教会你，敏感的男读者，用你所不懂得的合乎礼貌的态度去对待这种人，这样的人你连一个也没有见识过。你的眼睛构造不同，它看不到这样的人物，敏感的男读者。对你来说，他们是看不见、摸不着的，只有正直而大胆的眼睛才看得到他们。我给你描写这个人的用意，是让你至少从传闻中得知世界上有了怎样一批人。”[⑤]

作者在评判“敏感的男读者”时，毫不掩饰地表达贬低之意和蔑视之

① 车尔尼雪夫斯基著，蒋路译：《怎么办?》，北京：人民文学出版社，2019 年版，第 369—370 页。

② 同上书，第 373 页。

③ 同上书，第 432—433 页。

④ 同上书，第 237 页。

⑤ 同上书，第 346—347 页。

情。“你看，镜子里这副粗野的嘴脸或者这个油头粉面的家伙是谁？就是你呀，朋友。不错，无论你留了多么长的胡子，或者多么细心地把胡子刮得干干净净，你，毫无疑义地，不可争辩地，还是个地道的蓝袜子，所以我才掐住你的脖子把你撵走了两次，所以蓝袜子才叫我受不了，我们男人中间的蓝袜子，要比女人中间的多上十倍。”①“敏感的男读者”是如此看重物质，以致“堵住他的嘴”都不用转义，而只要字面上的甚至用餐巾纸都可实现。他在我们面前是骄傲自满的、挖苦恶毒的、好为人师的，易受委屈甚至威胁要控诉别人……他厚颜无耻地从真实的生活中爬上小说的页面，作者就不得不打击他。“我知道……这是什么？熟悉的声音。环顾四周，真的有人！是他，是他，敏感的男读者，不久前因为对艺术一无所知而被耻辱地轰走了；他真的又来了，还带着自己以前的洞察力，他又是知道些什么！啊！我知道谁写了……不过我急忙抓取手边的、方便达成我目的的第一个东西——抓到了纸巾，因为我写完一封给一名退学大学生的信，在坐着吃早饭。于是我抓起纸巾往他嘴里塞：哎，你知道就知道呗，干吗嚷嚷着让全城都知道？”②

简单化手法是车氏政论文章中的常用手法，也用于评判“敏感的男读者”。主要是指，作家使用让人感觉亲切可笑、情感表达力强的词汇，组成通俗抑或粗俗的话语，尖锐批判 19 世纪下半叶自由主义分子群体。“从意义上说你做得不对，就是不对。我帮你理一理：如果两个人在谈话，那么从这次谈话或多或少可以看出来一些这两个人的性格。你明白是怎么回事吗？韦拉·帕夫洛夫娜的性格在本次谈话前你清楚吗？知道……，那就是说，这些谈话不是为了评价韦拉·帕夫洛夫娜的性格，那是评价谁的呢？要知道谈话人就两个：她和拉赫梅托夫，不评价韦拉·帕夫洛夫娜，那是为了评价谁呢？能猜到吗？”通过使用口语元素（包括感叹词和语气词），总体达到修辞上的降调叙述效果，以否定“敏感的男读者”。如“我想起一个词……”，“我本应该甩给你一个带有感人诱饵的鱼竿”，“你已经落入我的手中”，“你的脑袋一团糨糊”，“你看，我多关心你”，等等。作品中“敏感的男读者”一窍不通，他说话仅仅是为了“炫耀自己的聪明才智（其实他天生就不具备）、自己的崇高志向（他的志向与他坐着的椅子的志向差

① 车尔尼雪夫斯基著，蒋路译：《怎么办?》，北京：人民文学出版社，2019 年版，第 433 页。

② 同上书，第 392 页。

不多)以及自己的学问教养(他的学问教养和鹦鹉的一样多)”。这是一张“粗俗的丑脸”，一个“干瘪的身形”，应当被“轰出去”。

为了创造特定的反讽情境，鲜明强烈的对比得到运用。让“敏感的男读者”与“高尚的”“普通正派的”“特殊的”人进行比较(见《与敏感的男读者的对话和他被轰走》一章)。车尔尼雪夫斯基激动地说道：“我想描述新的一代中平常的正派人，……我写了三个这样的人：韦拉·帕夫洛夫娜、洛普霍夫和基尔萨诺夫。”[①]“从你们的火坑中走上来吧，我的朋友们……”[②]将“敏感的男读者”称呼为“阁下”，进一步增强讽刺，此时的讽刺变得极具攻击性。通过一系列的对比、描写、对话等，“敏感的男读者”的状态、行为和举止暴露无遗，实显荒诞，故而“洞察一切的”这个词就获得了意义相反的意境。“好样的”，“聪明”，“伙计”，“啊，你的理解力真强呀，敏感的男读者”，“我太仰慕你了，敏感的男读者”，“我像尊敬您的智慧一样，尊敬您的脾气”，等等话语，更是让意义发生根本转折。

纵观《怎么办?》的主要情节，一直上演着作者与“敏感的男读者”立场的碰撞。这可以理解为一种论战，帮助车尔尼雪夫斯基深化小说中的讽刺和嘲笑，让读者深深感受到车氏对思想政敌的挖苦和抨击。讽刺对车氏确定及发展文本创作思路亦发挥着重要作用。作家对“敏感的男读者”的讽刺立场鲜明，毫不掩饰，主观创造性明显，我们可以在一些经过修辞加工的遣词造句中发现。以讽刺的语调烘托被描述对象的性格，离不开表达力强的句法手段的帮助，即带有插入语的扩展型句法结构，以及疑问句、感叹句、感叹语、称呼语、重复法、平行法和对比法。“现在你给我说说，为什么我要搬出这个人物并且如此详尽地描述他呢? 你记得，我当初对你说过：‘唯一的原因是为了满足艺术性的主要要求。’你想想看，这要求是什么? 它怎么会由于拉赫梅托夫这个人物的出场而得到满足? 想通了吗? 不，你哪想得通，还是听我说吧。”[③]

车尔尼雪夫斯基在表达讽刺时多有创新、创意之举，比如在语句下加粗线。作家与“敏感的男读者”谈论拉赫梅托夫时，他的对话者因为才智有限、脑筋迟钝而无法理解作家思想。“你的眼睛构造不同，它看不到这样

---

① 车尔尼雪夫斯基著，蒋路译：《怎么办?》，北京：人民文学出版社，2019 年版，第 375 页。

② 同上书，第 377 页。

③ 同上书，第 374 页。

的人物，敏感的男读者。对你来说，他们是看不见、摸不着的，只有正直而大胆的眼睛才看得到他们。”[①]值得注意的是，车氏对“敏感的男读者”依然抱有拯救态度，坦诚地向他们揭示拉赫梅托夫这类“特殊理想人”最富激情和最富诗意的特质。“对你，敏感的男读者，我要说：这些人不坏。我不说你也许还不明白。是的，这些人不坏。他们人数虽少，却能使大家的生活欣欣向荣，没有他们，生活就要凋敝、腐化。他们人数虽少，却能让大家畅快地呼吸，没有他们，大家就要憋死。正直善良的人比比皆是，这种人却寥寥无几。可是他们在那一群当中好比茶里的茶碱，醇酒的芳香，那一群人的力量和风格都来自他们。这是优秀分子的精华，这是原动力的原动力，这是世上的盐中之盐。”[②]

此处，《怎么办?》中讽刺和高尚并存的整体风格再一次凸显，亦是车氏构建理想社会又破又立思想的印证。我们认为，这种结合并非偶然，反映了新时期即重新认识精神价值时期一个人的精神世界。当今世界，一切都在遭受怀疑分析，一切都通过讽刺的棱镜被审视，一切都失去了信任。这种公开的政论，对敌人极为深刻的认识，在读者面前熟练、残酷而又轻松地嘲讽贬低敌人，揭露敌人的谎言和虚伪，是长篇小说家车尔尼雪夫斯基最显著的一大特色，是他艺术手法的光亮之处，对当代文学来说，研究和掌握这一特点尤为重要。为什么作者取笑“敏感的男读者”，讽刺他才智有限、脑筋迟钝，却仍然在“开导”他，无法和他断绝往来，即使把他“赶出”小说的章节？也许，这类读者还存有与其他“任何读者”相似的某种东西，车氏的宏大胸襟和伟大理想不能对其弃而不顾。“某种东西”就是认识因循守旧，看待事物刻板，这些毛病也不同程度地存在于同时代其他读者身上，存在于“对自己也狠毒”的“大众”身上。作家与“敏感的男读者”的论辩升华为各类型读者意识中的内部对话，以此引导所有读者必须破除自身精神世界中所有因循守旧和墨守成规的东西。

第四节　“序言”一章在《怎么办?》中的反讽功能

《怎么办?》的结构布局复杂且具有动态性。车氏指出，文学作品的结

① 车尔尼雪夫斯基著，蒋路译：《怎么办?》，北京：人民文学出版社，2019年版，第347页。

② 同上。

构布局应服从"作品主要思想的完整表达，……为了实现这一目标，需要考察作品的所有部分和细节是否源于主要思想"[①]。故车氏赋予《怎么办?》的序言以重要意义，让人乍一看具有先锋派作家特点。卢纳察尔斯基认为："小说《怎么办?》结构布局极好，……这部小说可以教大家怎样引起读者的兴趣，以及如何往下叙述。车尔尼雪夫斯基……为了完成这部伟大的作品，做了大量聪明的布局工作。"[②]

按小说创作技巧来看，序言部分对整部作品作用至关重要，《怎么办?》亦是如此。别林斯基对序言在文学作品中的重要性和必要性有过深刻论述。1835 年，别林斯基就神秘剧《伊若拉》发表评论："不知你们是否知道，任何书籍都应该建构必要的属性，明确读者应该从书中寻找什么。——序言，序言是伟大的，是必需的事情……序言对书来说，比衣服对人重要得多，因为衣服可能不合身，但序言绝不会"；"通过序言认识一本书，并通过序言继续深化阅读，即(看了序言后)就可以决定把它放到案头还是弃之不理"[③]。车氏明显深受前辈影响，于序言倾注了重要意义。车尔尼雪夫斯基在小说《怎么办?》中，对业已陈旧的序言进行改造，从思想、形式等层面都赋予其独特作用。

如果看《怎么办?》的情节概要，让人感觉取材于"家庭生活"；每章标题都从女性视角而定，"韦拉·帕夫洛夫娜在娘家的生活""第一次恋爱和合法婚姻""出嫁和第二次恋爱""第二次出嫁"，可能会认为作者的写作中心是"女性问题"。若不深入品读，仅凭直观感觉，貌似这是一部"家庭小说"，内容针对的是那些要求不高的普通读者。但整部小说实际上要深刻、复杂得多。现实主义文学善于展现生活的冲突和矛盾，对现实社会的负面情形实施尖锐批判。车氏的批判才能灌注小说全篇，在结构布局方面自然也有体现，以此对当时的唯心主义代表展开讽刺性论战。车氏的艺术表现力和深邃哲思在小说前两小节——"傻瓜"和"愚蠢事件的初步调查"中便可窥见。车氏故意打破事件叙述的连贯性，从事件的中段——洛普霍夫假自杀开始，采用 19 世纪流行的惊险小说手法，打乱读者对文学作品的既定接受模式。车氏此举，意在吸引读者眼球，让其"上钩"。"从酒店失踪了一

---

① В. В. Межебовская. Ирония как философско-эстетическая категория в романе Н. Г. Чернышевского "Что делать?". Оренбург: Оренбургский гос. пед. ун-т им. В. П. Чкалова, 2000.

② 同上。

③ 同上。

个人……”，这样的表述充满了神秘气息，将读者的思绪引向另外的方向，主要是为制造悬念，直到第三章“序言”才对这些问题进行揭秘。

惊险小说作家喜欢使用这种方式，以吊起读者胃口，增强作品的趣味性，而车氏在《怎么办?》中以此布局开端，不是向惊险小说作家们致敬，而是为表现讽刺态度。车氏有意用前两章形成讽刺性模拟，在第三章“序言”中才揭示使用这种让读者感兴趣手法的真实意图。车氏写道：“我援用了小说家常用的花招，从小说的中央或结尾抽出几个耸人听闻的场面，作为全篇的开头，再给罩上一层迷雾。”①

讽刺在于，枪击事件就像“可能性图谱树”一样的存在。首先，这些可能性同时存在于小说中，偶尔也相互矛盾。争论者认为事情有两个版本，即不知名人士开枪自杀了，或没有开枪自杀。如果不知名人士开枪自杀了，各种原因都可能促使他这样做，或是喝醉了，或是倾家荡产了，抑或就是个纯粹的傻蛋。随之，车氏将争论者分为“进步分子”和“保守分子”两派。“进步分子”确信，“（他）喝醉了，或者就是胡闹，开个玩笑，开了一枪，然后就跑了”。而“保守分子”却坚信，“开枪人‘把子弹射向了额头’”。但所有人都认为，开枪自杀的这位先生是个“纯粹的傻蛋”。“对于‘不过是个傻瓜罢了’这句话，所有的人，连那些否定他自杀的在内，一致表示赞同。的确，不论是一个醉鬼或败家子自杀也好，或是一个爱捣蛋的家伙根本没自杀，只不过玩了个鬼把戏也好，反正总是愚蠢的、只有傻瓜才会干的玩意。”②由此，这些争论的讽刺潜台词一下就突显出来。“进步分子”和“保守分子”两大阵营的代表站在桥上争论，主题却是个八卦猜谜，完全不像他们在会议厅、在自己政敌面前集结时的语言。等到第二天早上，一切都明了，“这个傻蛋不是闹着玩，真是开枪自杀了”。这时又出现了一大堆新的问题，但毋庸置疑的是，人的确是开枪自杀了。由此，车氏讽刺性地得出结论：“……批判和进步的精神获得了彻底的胜利!”崇高和低俗概念的转换，讽刺性语言的杂糅，在前两章营造出反讽意境。值得指出的是，车氏对枪击事件的最后处理别具匠心，一方面展示出嘲讽态度，另一方面又避免了关于争论的无休止叙述。关于自杀的争论形成了一个相互矛盾的可能性体系，既涵盖事件本身又囊括其评价。

① 车尔尼雪夫斯基著，蒋路译：《怎么办?》，北京：人民文学出版社，2019 年版，第 11 页。
② 同上书，第 3 页。

争论以“现在可叫人完全莫名其妙了：又是傻蛋，又想得聪明”[①]这样的判断结束，安排了一个相对开放的结局，以拓展读者的思考空间。因此，给人的感觉是争论双方都没有胜利。从小说设计的文本世界来看，洛普霍夫还活着，实际上没有自杀，但同时他已在这个世界死去，以真相的对比反差营造出巨大的反讽氛围。以车氏观点看来，这是多种可能性共存，因此不需要最终的评判和确定。在“序言”一章，读者继续深入整部小说的反讽氛围。《怎么办?》与其他小说有所不同的是，“序言”一章在一定程度上是对正式文本的“入侵”，属核心内容的一部分。车氏以普通字眼开启“序言”：“小说的内容——爱情，主要人物——女性，——这很好，即便小说本身不好，——女读者说道。这是事实，——我说。”洛特曼认为，《怎么办?》的关注焦点是个人生活、爱情、家庭关系和主人公的行为动机。同时，小说“灌注着讽刺思想，社会和政治危机是当时(时代)的主要内容，以及社会是各派力量斗争的舞台的意识”[②]。在这种斗争的大背景下，车氏全方位考察不同群体内人与人之间的相互关系，有意区分“女读者”和“男读者”，强调他们之间的差异，将自己与受众的关系具体化。

车氏在“序幕”部分的第三章第八节中对此有详尽表述：“我只对男读者讲话。女读者十分贤明，不以心灵智巧自诩，令人生厌，因此我一言为定：我不对她们多讲。男读者中间也有不少并不愚蠢的人，我也不对这些男读者讲话。但大多数男读者，几乎包括所有的文学家和末流文士在内，都是敏感的人，我永远乐意跟他们谈天。”[③]我们在“女学究的退却”一节里也能窥见这种思想。“蓝袜子才叫我受不了，我们男人中间的蓝袜子，要比女人中间的多上十倍。”[④]车氏在“序幕”部分的第三章第八节中感叹道，“因为妇女缺乏强大的才智，照今天的说法就是：您要知道，造物不肯赐给她们这个，正像它不肯给铁匠以娇嫩的脸色，给裁缝以端正的身材，给鞋匠以敏锐的嗅觉一样，这全是造物的旨意。因此妇女没有大才大智。”[⑤]

车氏列举出铁匠、裁缝、鞋匠和女人等劳苦职业种类，并通过其相似

---

① 车尔尼雪夫斯基著，蒋路译：《怎么办?》，北京：人民文学出版社，2019年版，第4页。

② В. В. Межебовская. Ирония как философско-эстетическая категория в романе Н. Г. Чернышевского “Что делать?”. Оренбург: Оренбургский гос. пед. ун-т им. В. П. Чкалова, 2000.

③ 车尔尼雪夫斯基著，蒋路译：《怎么办?》，北京：人民文学出版社，2019年版，第237页。

④ 同上书，第433页。

⑤ 同上书，第514页。

性和不同点的梳理对比，得出结论：在任何情况下错的不是天性而是社会环境。车氏认为，是旧社会摧残了女性，因此将“女读者”从整个读者群体中特意分隔出来。车氏所指的善良朋友——女性，不论她是谁，在整部小说中均处于作者和“整个读者群体”之间；车氏也把“女读者”塑造为小说叙述事件的“无声判官”。“女读者”是当时俄国社会丑陋习俗和荒诞现象的受害者，而“男读者”却是其狂热的捍卫者。车氏高度评价女性群体这个“半边天”，时常诉诸女性的良心和理性，以批判沙皇俄国广泛存在的愚蠢和谎言。《怎么办?》通篇都能感受到女性的“身影”，如：“这部小说的内容是爱情，主角是一个女性。”“这挺好，即使小说本身写得不行。”[①]除作家自述外，小说的叙述主线和中心也紧密围绕女主人公韦拉展开，讲述其作为一个平凡女孩，如何有意识地一步步走出黑暗牢笼，在“理性利己主义”的指导下，坚定地追求幸福人生，梦想憧憬理想天国的绚烂光芒。鲁登科指出，小说涵盖的主题思想丰富，从日常生活恋爱到经济社会制度变革都是通过女性视角表达出来。[②]

“序言”里作家以客观“叙述者”的身份介入情节介绍，开篇便饶有兴致地自我贬损和自我否定。“我说我没有一点艺术才能，我的小说写得很差，……我不如你们心目中的伟大作家，我的小说也不如他们的著作。”[③]一方面确立“叙述者”在整个文本中的言语风格基调，另一方面又实现对某些“读者”群体的明显反讽。车氏关于个人天赋的问题，既不是卖弄，更不为赚取赞美，其针对性和指向性都很强，可谓对当时流行美学价值观的论战宣言和檄文。车氏敏锐仔细地关注着故事情节的发展，通过反讽揭开第二个“我”(“叙述者”)的面纱，意在以适当方式教导读者，踏上追寻真理之路。引导、教化大众是作家固有立场，同时也是该小说文本中“叙述者”的个人性格特点；当然，现实中车氏本人的精神世界远比“序言”所阐明的深邃、宽广得多。

车尔尼雪夫斯基在序言部分创造了“引诱—推开”(或欲擒故纵)的叙事方法，对“读者”的审美情趣进行讽刺式揭露。作家叙述语之间的流畅切换，让读者得以窥见两种截然对立的观点。作家在《怎么办?》的序言中，

---

① 车尔尼雪夫斯基著，蒋路译：《怎么办?》，北京：人民文学出版社，2019年版，第11页。

② В. В. Межебовская. Ирония как философско-эстетическая категория в романе Н. Г. Чернышевского “Что делать?”. Оренбург: Оренбургский гос. пед. ун-т им. В. П. Чкалова, 2000.

③ 车尔尼雪夫斯基著，蒋路译：《怎么办?》，北京：人民文学出版社，2019年版，第13页。

对“读者”的既定立场与“叙述者”的价值取向做了大量对比，其结果是无法将“读者”和“叙述者”放到平等位置，以达到反讽效果。叙述人发挥启蒙功能，作家与“读者”的相互关系，在小说《怎么办?》中复杂而多维。“读者”，指称的不是整个受众，而是三类不同群体，即读者朋友、公正的读者(“读者”)和不友善的读者(“敏感的男读者”)。在“序言”里我们已经发现，小说接下来的情节发展将会遇到这三类不同读者。因为作家讽刺手法的运用，我们可以观察到车氏对朋友和敌人的明确区分、对读者的分级。作家对“读者”持激烈批判态度。他把自己隐藏在与“读者”的对话中，把看似特别可信的说话语调演变成恶毒刻薄的嘲笑：“读者啊，你们很憨厚，因此你们无力识辨，也不够机灵。我不敢指望你们从最初几页就能辨别小说的内容是否值得一读，……作者顾不到渲染，憨厚的读者，因此他尽想着你们的头脑多么糊涂，你们在观念上的极度混乱给每个人造成多少无谓的痛苦。”①初看这些词句，充满苦涩和悲伤，却是饱含作家对“狂热”读者、“笨蛋”读者的仇恨，他们满脑子都是“糨糊”和“混乱”。车氏使用一系列的同义成语表述来定性“读者”，“头脑多么糊涂”“观念上极度混乱”“脑子里都是无聊的东西”，仿佛开宗明义，做出了基本的价值判断。“……往后不再有什么神秘感，你们常常能在二十页以前看出每个情节的结局。”②

在序言部分，车氏把一系列不同的情绪感受融入叙述之中。“我瞧着你们又可怜又可笑：由于你们脑子里充满了无聊的东西，你们是那样软弱而又凶恶。”③车氏借助矛盾修饰法，用“既遗憾又可笑”来突出反讽效果。在车氏看来，“读者”的“憨直”在当时的俄国社会是一种极为负面的社会现象，是盲从信任和不具备独立分析能力的代名词，这样的“憨直”有时会演变为恶。“我对你们生气，是因为你们太凶恶，而人们也就是你们自己，你们对自己为什么那样凶恶呢?”④车氏此时的任务是为“不机灵的”读者阐明，他们自身性格中存在何种缺陷，引导其区分自身和社会中的善与恶。“但你们凶恶是由于智能贫弱，因此，在咒骂你们的同时，我还应该帮助

---

① 车尔尼雪夫斯基著，蒋路译：《怎么办?》，北京：人民文学出版社，2019 年版，第 11—12 页。

② 同上书，第 12 页。

③ 同上。

④ 同上。

你们。”[①]作家从“帮助你们”中揭示了文艺创作的根本目的所在，“真实性是个好东西，它能够弥补一个为它服务的作家的缺陷”，“……这篇小说的全部优点只在于它的真实”[②]。

车氏虽宣称自己没有半点艺术天赋，但却笔锋一转强调道：“不过，我最憨厚的读者，我既然跟你们交谈，就该把什么都彻底抖出来，因为你们虽然喜欢猜测人家没有说完的话，却又不善于猜测。我说我没有一点艺术才能，我的小说写得很差，你们可休想由此得出结论，说我似乎对你们讲过：我不如你们心目中的伟大作家，我的小说也不如他们的著作。我说的不是这个。我是说，比起真正天赋奇才的人们的作品来，我的小说写得很差。至于你们那批名家的大手笔，那么，以写法上的优点而论，你们放胆把我的小说跟它们并列好了，就是摆得更高也不会有错儿！我的小说毕竟要比它们多点儿艺术性，对于这一点，你们尽可以放心。”[③]。车氏对事实进行讽刺否定，对好像是否定的事物进行肯定，两相比较中突出反讽意蕴。车氏认为，没有比“读者”认为“伟大”的作家更坏的了。维尔霍夫斯基指出，作家的刻薄评价剑指同时期的“著名作家”，首先针对的就是屠格涅夫和冈察洛夫。

“女读者”在《怎么办?》中的形象比较模糊，作家没有详细描写她的外貌和具体性格特征等。作家或许因其他艺术任务而有意为之。在小说中，引入“读者朋友”是必要的，作家借此参与和助力叙述展开，强化个人的立场和观点。“女读者”无疑在《怎么办?》中很好地扮演着这个角色，也表明作家对女性解放及女性精神的重视。“男读者”在文本中完全是另外的功能，他与“女读者”的对立不仅是简单的男女对立，而是主宰者与从属物之间的对立。在车氏看来，“男读者”对女性早就丧失了主宰地位，但其依然非常自信，认为高于“女读者”是其与生俱来的权利。车氏写道：“……因为男子的思维能力天生就比女子强，而且发达的程度也高得多。”[④]运用明显的反讽，批判“男读者”的狭隘和贫瘠，挞伐“男读者”所谓天生的能力，“那全能的理性和能洞察一切的偏见认知”。

---

① 车尔尼雪夫斯基著，蒋路译：《怎么办?》，北京：人民文学出版社，2019年版，第12页。
② 同上。
③ 同上书，第12—13页。
④ 同上书，第11页。

俄罗斯学界有研究发现，《怎么办?》的“序言”与莱蒙托夫的《当代英雄》的“序言”创作手法有一定关联。车氏将《怎么办?》的“序言”作为文本主体的一部分，在小说创作期间完成；而莱蒙托夫的《当代英雄》完成之后，才添加补写了“序言”。虽然创作者追求的目标不同，但这两个“序言”的创作形式及对主旨思想的传递方面有异曲同工之妙。莱蒙托夫《当代英雄》的初版序言介绍了读者对该作品的认知情况，并据此针对性地阐发创作意图，澄清读者的模糊认识，形成作者和读者的直接对话和交流。但在其序言的最终版里，莱蒙托夫“作者与读者对话”的范围有所扩大，所指对象不单有读者的认知，也包含了对作品的评论。莱蒙托夫认为，《当代英雄》的读者是幼稚的，不能理解毕巧林性格的深度，因此才会将主人公与作家本人做比较。“我们的读者还是年轻、憨直，如果在最后没有得到教导，就无法理解寓言。她(他)猜不出笑话，感受不到讽刺；她(他)就是修养不高。”①

《当代英雄》的序言在1841年问世，与当时的再版一道出现。莱蒙托夫的讽刺指向读者不能对作品充分理解。“憨直”的读者看待小说肤浅、表面，其深层次思想和微妙的反讽未被读者感受和认识。因此莱蒙托夫需要这样的“序言”来做补充。车氏的“读者”也是幼稚的，但与莱氏的有所不同。车尔尼雪夫斯基在小说开篇即偏离传统写作观念，“我运用小说家普遍的狡猾：从文中或文末攫取精彩的场景以开启叙述，用迷雾笼罩他们(读者)”。作家“抛出……有效的饵”，以此引诱憨直、幼稚的“读者”。小说情节的所有建构要求，被作家称为“庸俗”，但他不得不使用这些手法，引导“读者”读自己的作品，进而激发各读者群体理解吸收文字之中蕴含的思想，总体目标是实现文以载道，用解剖人类灵魂的手术刀为当时俄国社会把脉问诊、刮骨疗毒。

车氏另一部小说《小说中的小说》的一个序言版本，可以佐证该推断。车氏在此处提到了狄更斯、乔治桑、卢梭等，认为“这些人都比不上我们的普希金们、比不上我们的屠格涅夫们和冈察洛夫们”，车氏的此种论断看似迎合了“读者”群体的观点，但认真推敲便知是一种反讽表述。在《怎么办?》的作家题记草稿中，车氏提到了相关的诗学问题：“难道需要最后专门安排一个人来谈谈自己对这些角色的意见？这个，可能你的伟大艺术

---

① 莱蒙托夫著，王宗琥译：《当代英雄》，北京：生活·读书·新知三联书店，2019年版，第3页。

家们会去做，我不知道，不过我脑中有更多的思想和更多的对艺术条件的理解。我不会这样做，不想生出一个天生的寄生虫，不想让他以后这样说。"车氏同时代人把《怎么办?》看作是对屠格涅夫《父与子》的宣战。对此，俄国当时的知名杂志《祖国纪事》曾有过经典评论，"车尔尼雪夫斯基的小说写来是为对抗《父与子》……这不是小说，而是对安东诺维奇和皮萨列夫关于屠格涅夫小说文章的论战"[①]。1865年，《现代人》杂志刊发学者茹科夫斯基的文章，指出"车尔尼雪夫斯基和屠格涅夫小说直接的对立性"，认为保守文学政论家在"巴扎罗夫式习气"中找到了对付整个反动文学和《现代人》杂志的所有活动的现成檄文……反动文学在小说《怎么办?》中以自己人的例子回应虚无主义者的指责，就是希望在现实社会中看到的那些人(茹科夫斯基注——新人)——并且他们，好像完全不像虚无主义者、巴扎罗夫式的人物，洛普霍夫和拉赫梅托夫式的人究竟是怎样的呢?[②]

车尔尼雪夫斯基为使自己的话语更有分量，借用志同道合者的意见来"助阵"。"可是在你们中间，读者啊，也有一小部分我所尊敬的人，现在这一小部分已经变成相当大的一部分了"[③]。车氏珍视读者朋友的意见，认为他们"善良而坚强，正直而能干"，不需要向他们解释什么，作家"预先就知道他们是跟我一致的"。鉴于此考虑，作家常态化询问"那些他还需要并已经能够为其写作的人"的意见。

因此，车氏将自己嵌入文本结构之中，有这样几个目的。一是，在人物的直接论述和交谈中，揭示作家的主要思想和趋势。泼库萨耶夫认为，这是一种"宣言式"表现方式。格罗莫夫对此有较为具体的评论："为了让公众正确地理解作品，作家好像成了自己小说的评论者和批判者"，同时作家确保了《怎么办?》的艺术统一性。捷普林斯基写道："整部小说是在发展车尔尼雪夫斯基本人思想的基础上形成的。"[④]

同时，我们可以注意到，车氏为了向读者传递自己的思想精髓，视反讽为作者与读者交流的最主要且最重要的方式之一。皮萨列夫认为："他

---

① В. В. Межебовская. Ирония как философско-эстетическая категория в романе Н. Г. Чернышевского "Что делать?". Оренбург: Оренбургский гос. пед. ун-т им. В. П. Чкалова, 2000.

② 同上。

③ 车尔尼雪夫斯基著，蒋路译：《怎么办?》，北京：人民文学出版社，2019年版，第13页。

④ В. В. Межебовская. Ирония как философско-эстетическая категория в романе Н. Г. Чернышевского "Что делать?". Оренбург: Оренбургский гос. пед. ун-т им. В. П. Чкалова, 2000.

(车尔尼雪夫斯基)……用反讽和挖苦审究一切，以至于让大地都变得沉重，天空显得深沉。”[①]作家通过序言营造独特的讽刺意蕴，表露对不同类型“读者”的立场。描绘事件的真实性、可靠性幻象，但作家后来揭露艺术形象的构建手法和方式，又破坏掉这种幻象。鲁登科表示，车尔尼雪夫斯基创造出叙述者形象以参与论战，目的是“引起小说读者对其整个哲学思想复杂体系及作品整体结构特点的有意识关注”。这是其悖论所在。作家在该作品中地位重要，作用深刻，如果无法意识到这一点，就不可能正确认知作品。

“序言”中作者一介入叙述，就努力向读者暗示，小说中与“读者”交流的“他”就是写这部小说的那个他。“读者啊，你们很憨厚，因此你们无力识辨，也不够机灵。我不敢指望你们从最初几页就能辨别小说的内容是否值得一读，你们的嗅觉迟钝，需要别的东西来帮助，而能够帮助它的只有两样：不是作者的名字，便是耸人听闻的手法。这是我给你们撰述的第一部小说，你们还无法断定作者有没有艺术才能，我的名字还不足以吸引你们，我不得不设法耸人视听，当作逗你们上钩的饵食。”[②]。

车尔尼雪夫斯基两次有意识地让读者关注自己的“名字”，这并非偶然。因为车氏当时在《现代人》杂志的读者群里相当知名；也是为了引起读者对这部小说的兴趣，只要他亮出名号应该就可实现这一目标。作家此处再次设局，引导读者相信谜底就在前方，只要“小说的最高理想核心”拉赫梅托夫走进言情线索就可以发现了。此外，作家让读者想起自己的名字，一个文学史、文学批评、美学、哲学、历史和政治经济学等研究领域的杰出人物，一个不屈服于任何权威且无所畏惧、用反讽与政敌展开论战的人。因此，揭开面具后，开始出现具体的、鲜活的肖像特点，包含性格和个人命运的点点滴滴。鲁登科评价《怎么办?》的艺术特色时指出，反讽完全贯穿整个叙述，“不再只是嘲笑的工具和消解正面理想严肃性的手法”。小说中反讽的功能已超出“个人美学的范畴”。

研究者注意到了小说中激情和讽刺相融合的现象。“一切害怕嘲笑的东西，都应该被清除；一切没有被嘲笑破坏的东西，都开始变得纯净并获

---

① В. В. Межебовская. Ирония как философско-эстетическая категория в романе Н. Г. Чернышевского “Что делать?”. Оренбург: Оренбургский гос. пед. ун-т им. В. П. Чкалова, 2000.

② 车尔尼雪夫斯基著，蒋路译：《怎么办?》，北京：人民文学出版社，2019 年版，第 11—12 页。

得真正的价值。"讽刺的嘲弄发挥作用之时，激情就开始显现。车氏在描述"读者朋友"时，"激情"的手法得到运用，但只限于类型评价，而不涉及具体个人。在"序言"一章，这显得尤其崇高且狂热："善良而坚强，正直而能干，他们不久前才开始出现在我们之中，可是他们的人数已经不少，并且正在迅速增加。""如果读者都像他们那样，我就不需要写作了。如果他们还没有诞生，我又不可能写作。但是读者还不能都像他们那样，而他们却已出现在读者中间，因此我还需要写作，也可能写作了。"[①]

我们认为，乌托邦思想最主要、最常见的艺术呈现形式有三种：想象、反讽和隐喻。对乌托邦文学来说，对现实世界不满是因，萌发构建理想天国是果，在此过程中不可避免地对现实进行着批判和讽刺，是故乌托邦文学主题具有反讽性。具体到灌注了车氏乌托邦思想的《怎么办?》，我们发现，这不仅是一部承载乌托邦思想的文学力作，更是体现车氏反讽语言风格的代表作，从侧面印证了乌托邦文学与反讽的直接内核关联。于车氏而言，反讽既是躲避沙俄书报审查制度、实现"言此意彼"的手段，也是修辞手法、辩论技巧，更是一种人格化体现，是一种能力和生活状态，能够与所讲话语从整体上保持疏离，对反讽的理解和运用上升到哲学思辨的层次。"俄罗斯向何处去"这一时代命题，深深牵动着车氏忧国忧民的神经，时刻激发着他批判现实、改造俄国社会的沉思。《怎么办?》中对"庸俗人"、"敏感的男读者"及"序言"一章的反讽描写和形式安排，与主人公韦拉的梦共同实现车氏乌托邦图景的对立统一，让我们从既破又立的情节安排中感受到强烈的乌托邦气质，表达了作家对理想生活的向往以及对人类生存境遇的思考，亦彰显了 19 世纪俄国平民知识分子的社会责任担当。

---

① 车尔尼雪夫斯基著，蒋路译：《怎么办?》，北京：人民文学出版社，2019 年版，第 13 页。

第五章　车尔尼雪夫斯基乌托邦思想的影响及现实意义

由于社会结构成分的改变，与车尔尼雪夫斯基同时代的知识分子的类型和性格也发生了改变。19 世纪 40 年代，俄罗斯的知识分子主要是贵族，到了 19 世纪 60 年代，则主要是平民知识分子。平民知识分子在当时的俄罗斯充当着“酵母”的角色，引起了巨大的“发酵”作用，并最终激起了革命的到来。而车尔尼雪夫斯基正是平民知识分子的思想领袖，他以崇高的道德品质为时代的道德财富注入了不可估量的“资本”。

小说《怎么办?》是凝聚车尔尼雪夫斯基哲思冥想的力作，承载了他的乌托邦思想，这种思想是时代精神、民族文化传统和个人创作个性三位一体共同作用的产物，它的内涵中人的自由、全面、和谐发展的愿景，妇女解放运动的激情，科技崇拜，等等，对后世的革命运动、社会文化思潮及文学发展都产生了直接或间接的影响。并且，车氏乌托邦思想对我们也具有巨大的现实意义。

第一节　车尔尼雪夫斯基乌托邦思想对民粹派运动的影响

俄国民粹派“既非政党之名，亦非某一连贯学说之号，而是十九世纪中期俄国一股广泛的激进运动称呼”[①]。这股激进运动不论是思想上，还是行动实践上对俄罗斯的社会历史进程都有广泛而深刻的影响。列宁在这方面对此有深刻体认，“经常满口承认，共产主义的实践受赐于民粹主义运

① 以赛亚·柏林著，彭淮栋译：《俄国思想家》，南京：译林出版社，2011 年版，第 247 页。

动之处甚多"[①]，就连他们的反对者也被其人格力量所震撼，并且认为，"民粹主义者的英雄气魄、无偏无私以及高贵人格让人钦佩"[②]。而车尔尼雪夫斯基是民粹派运动当之无愧的领袖，正如以赛亚·柏林指出的那样，"最大的人物，气质、观念与活动从头至尾支配民粹主义运动的人物，无疑是车尔尼雪夫斯基"[③]。

首先，车尔尼雪夫斯基乌托邦思想的基石——人本主义思想对民粹派伦理哲学体系的形成和发展有着深刻的影响。俄罗斯学者科卡列娃说："作为车尔尼雪夫斯基哲学伦理体系的基础的人本主义原理是他的民粹派观点的出发点，后来这种人本主义原理在民粹派的代表拉夫罗夫（П. Л. Лавров）和米哈伊洛夫斯基（Н. К. Михайловский）那里得到了发展。他们的思想是车尔尼雪夫斯基学说中关于人的完善和人的崇高的思想的延续"[④]。这种延续包含了车尔尼雪夫斯基乌托邦思想中关于人的一切构想：理想个人的形成，人与人之间的关系，女性的解放以及支配个人行为的"合理利己主义"。

车尔尼雪夫斯基乌托邦理想人类在现实中的雏形——"新人"和"特殊人"是他的理想个人的两种类型，这给人们选择最能接受的自我完善之路提供了可能性，因为这考虑了具体个人的心理特点。米哈伊洛夫斯基继承并发展了理想个人的思想，在他的哲学伦理学说里，"新人"的类型演变为一个概括的形象"门外汉"。这样概括的理想个人形象并没有限制人们的选择，按照米哈伊洛夫斯基本人的看法，理想个人——门外汉，这个概括的形象给每个人的发展程度和类型完善提供了更多的可能，可以帮助人们成为真正的"完整个人"。车尔尼雪夫斯基乌托邦思想中支配个人行为的"合理利己主义"理论对俄罗斯民粹派哲学中理想个人的形成也有着积极的影响。

其次，车尔尼雪夫斯基乌托邦思想中唯有革命改造现实社会、建立理想社会的斗争思想对民粹派运动的发展产生了深远的影响。正如以赛亚·柏林所写："但是使所有民粹主义者着迷的，并不是他教条里的历史主义

---

① 以赛亚·柏林著，彭淮栋译：《俄国思想家》，南京：译林出版社，2011年版，第278页。

② 同上书，第274页。

③ 同上书，第263页。

④ Ю. В. Кокарева. Нравственный идеал в философии русского народничества: Н. Г. Чернышевский, Н. К. Михайловский. СПб: С.-Петерб. гос. ун-т. , 2007, С. 88.

成分。他对他们的主要影响，在他深深不信任一切由上而下的改革，而相信历史之本质为阶级斗争，以及最重要者，相信国家永远是统治阶级手中的工具，无论有意无意，都不可能实施必要但一成功就要结束其统治地位的改革(据我们所知，这项信念并非取自马克思，而是他由二人共乘的社会主义传统中导得)。没有一个阶级会劝服去造成自己的瓦解。因此，一切要使沙皇洗心的企图、一切想避过革命之恐怖的企图，必然(他在 1860 年代初期论定)终归徒劳。”①

再次，车尔尼雪夫斯基乌托邦思想中的“三劳”思想，即劳动、劳动人民及劳动生产的基本组织结构——村社，对民粹派运动的发展有着现实的理论指导性影响。车尔尼雪夫斯基崇尚集体劳动，信仰集体劳动能消除一切等级之分，到时所有人既是劳动者，又是主人，社会是一种完全和谐统一的状态，同时，他十分重视对劳动人民的启蒙。民粹主义者传承并切身实践了他的思想。在 1861 农奴制改革后，日益成熟的民粹派开始在莫斯科和彼得堡组织秘密政治团体，他们向往通过启蒙农民来发动自下而上的农民革命，并以农村村社为基础在俄国建立社会主义。“1874 年春，几百名改穿农民服装的男女青年走向民间，宣传自己的思想。”②这就是轰轰烈烈的“到民间去”运动，虽然运动以完全失败告终，它在历史上的巨大影响却不可一笔勾销。

总体上来看，车尔尼雪夫斯基乌托邦思想对民粹派运动的影响是多维且全面的，但同时我们认为，民粹派对车尔尼雪夫斯基乌托邦思想的吸收是批判性的。科卡列娃对此有深刻的见解：“诚然，车尔尼雪夫斯基思想的传承者，特别是民粹派哲学家，敢于批判地看待自己导师的遗产，抛弃了他理论中虚妄的方面，把他关于人的价值、劳动的积极作用和启蒙劳动人民的好的、进步的思想作为根基。”③

---

① 以赛亚·柏林著，彭淮栋译:《俄国思想家》，南京：译林出版社，2011 年版，第 265 页。

② 戴桂菊、李英男主编:《俄罗斯历史》，北京：外语教学与研究出版社，2005 年版，第 194 页。

③ Ю. В. Кокарева. Нравственный идеал в философии русского народничества: Н. Г. Чернышевский, Н. К. Михайловский. СПб: С.-Петерб. гос. ун-т., 2007, С. 90.

第二节　车尔尼雪夫斯基乌托邦思想对社会主义革命的影响

车尔尼雪夫斯基倾其一生，投入火热的革命浪潮，其革命民主主义思想的星火通过文学作品广为流传，并迅速形成燎原之势，对十月革命产生了深远影响，也令一代又一代的中国人深受启迪。习近平主席曾讲，年轻时读车尔尼雪夫斯基的《怎么办?》，这本书对自己影响很大。2013 年 3 月，习主席在莫斯科国际关系学院发表题目为《顺应时代前进潮流 促进世界和平发展》的重要演讲，呼吁国际社会树立"你中有我、我中有你"的命运共同体意识，演讲中引用了车尔尼雪夫斯基关于历史发展规律的名言："历史的道路不是涅瓦大街上的人行道，它完全是在田野中前进的，有时穿过尘埃，有时穿过泥泞，有时横渡沼泽，有时行经丛林。"①车尔尼雪夫斯基乌托邦思想与俄国十月革命的到来有着千丝万缕的联系。车尔尼雪夫斯基乌托邦思想对俄国革命的影响是通过影响社会中的人实现的，因为究其根源，人是革命的主体，是革命的推动者，体现了较为充分的历史唯物主义思辨。车氏乌托邦思想中对实现普遍正义的社会制度的热情号召，以伟大的力量激励着同时代的平民知识分子阶级及后来登上历史舞台的无产阶级为了理想和革命而奋斗。

车尔尼雪夫斯基笔下的"新人"和"特殊人"以及为了改造旧社会、建立新的理想社会的活动对那个时代饱含革命情绪的年轻人产生了巨大的影响。车尔尼雪夫斯基思想的追随者恰鲁申（Н. А. Чарушин）在自己的回忆录中写道："这部小说的新人以及他们的新型人际关系，特别是在这种私密的和微妙的领域，像兄弟一样，这不能不吸引我们。但是在我们眼里，所有这些无疑都是值得模仿的好人在神秘的、隐约勾勒出的拉赫梅托夫面前完全变得模糊了，车尔尼雪夫斯基展示给我们的拉赫梅托夫好像是来自地下，不敢完全展示他的全貌。"②留里科夫写道："这部小说对俄国社会数代人产生了巨大的影响。青年都喜欢读这本书，并企图按照《怎么办?》的主人公那样去建设生活。有些历史学家指出，由于这部小说的出版，青年

① 车尔尼雪夫斯基 1857 年在一封公开信中严厉抨击宣扬贸易保护主义的美国经济学家凯里，并在文末写出了上述哲学箴言。

② Н. А. Чарушин. О далеком и прошлом. М.：Б. и.，1926，С. 16.

们组织了数十个公社，这些公社的参加者力图把《怎么办?》作者的原则体现到生活中去。”[①]

俄国无产阶级革命领袖列宁在思想成长历程中就受过车尔尼雪夫斯基的明显影响。列宁一生都非常尊敬和热爱车尔尼雪夫斯基，对他的著作抱有极大兴趣，赞誉他为“未来风暴中的年轻舵手”。国内车尔尼雪夫斯基研究大家周扬写道：“列宁十分喜爱《怎么办?》，连它极小的细节都记得。”[②]列宁曾说过：“我在接触马克思、恩格斯、普列汉诺夫的著作之前，给我影响最大的是车尔尼雪夫斯基，而且这种影响是从《怎么办?》开始的。”[③]俄国第一个马克思主义者普列汉诺夫写道：“谁没有读过和反复读过这部著名的作品呢? 在它的崇高的影响下，谁没有被感动过而变得更加纯洁、优秀、富有朝气和勇敢呢? 谁没有被它的主要人物的纯洁的道德所激动呢? 谁在读了这部长篇小说之后不去深刻地思考自己的生活，并严肃地检查自己的个人志愿和爱好呢? 我们所有的人都从这本书中汲取了道德力量和对美好未来的信心。”[④]保加利亚杰出的革命家、社会主义事业坚强的斗士季米特洛夫在19世纪末，当他还是一个刚在革命运动中崭露头角的年青工人时，长篇小说《怎么办?》就给了他一种不可磨灭的印象，他说：“无论是以前或是以后，从没有一部文学作品像车尔尼雪夫斯基的长篇小说那样强烈地影响了我的革命教育。拉赫梅托夫是我特别喜爱的人物。我立志要做一个坚强的、有自制力的、毫不畏缩的、能够自我牺牲的人。要在同艰难和困苦做斗争当中锻炼自己的意志和性格，使自己的私生活服从于工人阶级伟大事业的利益。一句话，我要做一个我心目中的车尔尼雪夫斯基式的无可指摘的英雄人物。”[⑤]

车尔尼雪夫斯基在自己的乌托邦社会里，描绘了那焕然一新的美妙国土，描绘了劳动是如此轻松愉快，机器几乎完全代替了人的劳动。人们也改变了，他们的思想清晰明确，他们的头高昂起来，他们的谈吐自由且自

---

① 留里科夫著，韩凌译，胡平校：《车尔尼雪夫斯基》，北京：作家出版社，1956年版，第132页。

② 车尔尼雪夫斯基著，周扬译：《艺术与现实的审美关系》，北京：人民文学出版社，2009年版，第113页。

③ 列宁：《列宁论文学与艺术》，北京：人民文学出版社，1976年版，第649页。

④ 转引自留里科夫著，韩凌译，胡平校：《车尔尼雪夫斯基》，北京：作家出版社，1956年版，第133页。

⑤ 同上书，第134页。

信，笑是愉悦而无忧无虑的：这是命运的主人。他们在肉体上和精神上都是和谐的。他们的生活充满了朝气，同时他们多才多艺，精神文化生活十分充实丰富。车尔尼雪夫斯基所描绘的一幅幅画卷都充盈着天才般的预见精神。我们不敢臆测，苏联的社会主义建设都是根据车尔尼雪夫斯基乌托邦社会的蓝图为脚本而展开，但在苏联时代，苏维埃人确确实实以主人翁的姿态积极认识自然，改造自然，机器的使用越来越多地把人从沉重的劳动中解放出来，人们的业余文化生活也逐渐地丰富起来。

第三节　车尔尼雪夫斯基乌托邦思想对俄罗斯文学的影响

车尔尼雪夫斯基乌托邦思想不论是体裁形式还是内容意象方面对后世的俄罗斯文学都产生了深远影响。根据维基百科提供的材料，自 1759 年至 2006 年的两个半世纪里，俄罗斯一共诞生了 63 部乌托邦文学作品。1863 年，车尔尼雪夫斯基的乌托邦小说《怎么办?》问世，它开启了“幸福乌托邦”的大门，鼓舞了后世一系列乌托邦作家的创作激情。因为在车尔尼雪夫斯基之前的百年间，俄罗斯仅有 12 部乌托邦文学作品，而 1863 年《怎么办?》问世到 1922 年苏联成立的近六十年时间内问世了 21 部乌托邦作品。虽说在这段动荡的革命岁月里，普遍的革命热情催生了人们对美好未来社会的憧憬，但车尔尼雪夫斯基的小说《怎么办?》及其表现的乌托邦思想对这一曲曲乌托邦赞歌有着奠基性的影响。在正文第一章，我们已经探讨过俄罗斯乌托邦传统的特点，以梦境为依托是其典型的体裁形式，车尔尼雪夫斯基的乌托邦思想传承了这一体裁形式，更为后来的乌托邦作家提供了范例。例如陀思妥耶夫斯基的《一个荒唐人的梦》(1877)、梅列日科夫斯基（К. С. Мережковский）的《冬夜之梦：27 世纪的童话乌托邦》(1903)等。

从内容意象看，车尔尼雪夫斯基乌托邦思想对俄罗斯文学的影响并不局限于乌托邦文学领域，韦拉·巴夫洛夫娜乌托邦梦境的“天堂花园”主题对社会主义现实主义文学影响深远。社会主义思想是实现神秘主义花园的思想，但是其实现的场所却是在“罪恶的”土地上。花园意象在社会主义以及后来的社会主义现实主义文学中扮演着十分重要的角色。在韦拉·巴夫洛夫娜第四个梦之初出现的“花园、柠檬树、橙子树、桃树和杏树”就像

"天堂"的标志一样，未来的理想社会也就位于其中。车氏在勾勒法朗吉大厦时强调："整个房子——恢宏的冬天花园。"小说中"天堂花园"是由人的劳动创造的，作者强调人具有强大的力量，他可以把荒漠改造为美丽、富足、享受的绿洲。"这些山从前是光秃秃的岩石，现在给覆盖了一层厚实的泥土，山上各个花园中间长着一丛丛极高的树木。下面那潮湿的凹地是咖啡树种植场，上头是海枣树和无花果树。葡萄园跟甘蔗种植场混杂在一块儿。"①"富足天堂"的形象——喷泉、花园、天堂树、花、鸟，是社会主义现实主义乌托邦范式一贯的组成部分，从高尔基、巴巴耶夫斯基(С. П. Бабаевский)到科切托夫(В. А. Кочетов)的创作中都能见其"身影"。

第四节　车尔尼雪夫斯基乌托邦思想的现实意义

人类历史长河中出现的乌托邦思想、人类内心普遍存在的乌托邦建构冲动，可给我们以现实观照和动力。

笔者认为，乌托邦思想的核心价值在于超越性、引领性及警醒性。人类历史上、世界文学史上关于乌托邦场景的描绘或乌托邦社会的建构，其对普通世人的意义不局限于展开一幅拥有光明和谐的生活画卷，或通过美好乌托邦的反面描写不断给人以警示，而更多在于唤醒我们内心的乌托邦冲动，唤醒人类内心的乌托邦精神，即使人永远保持着希冀之精神。乌托邦作为一种"早熟的真理"，不论以哪种方式出现，周身都散发着一种深刻的人文气息和关怀。乌托邦的"重大使命不在于对未来世界做出面面俱到的细节上的设计与规划，而在于克服人的自然惰性对现存事实的消极默认，为人和社会走向新境界提供新的可能性。它启示人们不要放弃这样一种希望——去寻找一个先前不曾有过的世界，在那里'最有可能找到正义'"②。《乌托邦精神》的作者、希望哲学的集大成者布洛赫看到了现代人的根本困境，即精神的枯萎，或者说超越维度的丧失。究而言之，就是要不断刺激我们人体的想象神经，保持对未来理想的信仰。正所谓："人应该有理想，未来某天万一实现了呢?!"人一旦丧失信仰，摈弃深层思考，

① 车尔尼雪夫斯基著，蒋路译:《怎么办?》，北京：人民文学出版社，2019年版，第462页。

② 贺来:《现实生活世界：乌托邦精神的真实根基》，长春：吉林教育出版社，2004年版，第6—7页。

丢掉对未来理想的憧憬，无论其处于多么完善的社会之中，也必将逐步异化，由这样的群体组成的社会也不可避免地走向衰落和灭亡。

车尔尼雪夫斯基的乌托邦思想对民粹派运动、社会主义革命都有深刻而深远的影响。从某种程度上说，它对世界上第一个社会主义国家——苏联的建立和建设也产生过一定的影响。在今天依然具有强烈的现实意义，概括地讲主要有以下三方面。

第一，车尔尼雪夫斯基的乌托邦思想向我们大声宣告了应该做一个怎样的人。我们今天经常会遭遇"应该做一个怎样的人"的问题。在物质生活水平飞速提高的今天，人们越来越多地被现实所羁绊和束缚，不得自由，经历着精神文化生活的匮乏和贫瘠。现代社会的人们尊重知识，尊重人才，但有时候又忽视了发展身体体能素质，抑或经常会出现相反的情况，当然，这样单一发展的人很难称为完善的人。我们已经知道，车氏的乌托邦建构是基于罗斯大地上的村社传统，这表明其对开出美好社会之花的土壤没有过多要求，只是对生于斯长于斯的人有更多期待。车尔尼雪夫斯基用他的乌托邦构想为我们塑造了完美的理想人类，为我们今天全人类及每个个体的发展都提供了很好的借鉴。在《怎么办?》中通过对"庸俗人"的批判，并且参照"新人""特殊人"，创造了理想社会中的人。理想社会中的人是绝对自由、平等，注重和谐发展，诚实劳动，忘我享乐的人。他们的这些品质对塑造完整、大写的现代人意义重大，并且理想社会中的人和谐发展的思想也切合我们建设和谐社会的倡议。

第二，车尔尼雪夫斯基的乌托邦思想为摆脱这个价值平面化的时代提供了精神支柱。今天的人类生活在一个价值平面化的时代：在经济领域奉行自私自利原则，推崇相互博弈；在政治领域信仰丘吉尔的外交名言："没有永恒的敌人，也没有永恒的朋友，只有永恒的利益"；在宗教领域尼采的"上帝死了"宣判了人自身的无家可归状态；在艺术领域现代立体主义总体上的平面化倾向日趋明显；每样东西都应一时之需而来，用完即被忘却。价值平面化的恶果必然只能是一种绝望的虚无主义，人、社会及宇宙的一切都只会是单调乏味的存在。车尔尼雪夫斯基的乌托邦思想本身在宏观上就是对价值平面化的挑战，它所蕴含的光明、和谐的理想让人们相信美好的未来是可能的，人类的生活是多元的，多元的生活是可以和谐共存的；具体来看，车尔尼雪夫斯基乌托邦思想中宣扬的合理利己主义是打破

“利益至上”原则的有力武器，它对建立良好、健康、和谐的人际关系，公正合理的国际秩序都大有裨益。

第三，车尔尼雪夫斯基的乌托邦思想可以唤醒现代社会的理想精神。我们所生活的时代，是一个解构了一切理想的时代，是一个礼崩乐坏的时代。经验和理论告诉我们，割断了文化传统的民族置身在病态的市场化过程之中，人会被彻底地物化，只有物欲，没有理想与激情，当代人似乎在历史发展进程中比任何时候都更远离乌托邦精神。人类历史发展进程抛弃了乌托邦的希望，然而无希望的历史又将是怎样的呢？只能是伤痛、乏味、虚无的灾难。抛弃理想，抛弃乌托邦思想，换来的不是人类文明的整体进步，或许恰恰相反，换来的是人类文明大厦的坍塌。人类照此发展下去将不再为人，人将彻底失去行动的能力，沉沦为物。这不是危言耸听，也不是杞人忧天。卡尔·曼海姆认为：“乌托邦的消失带来事物的静态，在静态中，人本身将与物变得没什么两样。”[①]奥斯卡·王尔德也曾说过：“一幅没有乌托邦景色的世界地图根本不值得一瞧，因为它舍弃了人类永远向往的境域。”所以，人不能无乌托邦生活，无乌托邦的社会是没有希望的社会，乌托邦是治疗后现代社会的一剂良药。

乌托邦思想家——不向权威和庸俗观念保护的社会现实低头的人，他们敏锐地洞察到社会表象下涌动的暗流，他们具有弥赛亚意识，竭尽全力去探寻它、认识它、践行它。这种社会表象下的暗流或发展趋势，被乌托邦思想家捕捉到，并在其内心深处躁动着、活跃着。经过艰苦的探索，当灵感的光芒照亮思想家的意识深渊时，内心模糊朦胧的东西突然明确起来，思想家便以高超的艺术手段淋漓酣畅地表现出它，准确地刻画出它。至此，乌托邦作品就形成了。所以，乌托邦作品所描述的内容和现象，不能简单地当作荒诞不经的奇思怪想，而是具有深刻的现实基础，它是在社会现实基础上对社会现实的反叛。客观地讲，乌托邦思想是具有乌托邦心灵的思想家，参考社会现实并结合自身的深入思考，所生发的大胆想象，与科学探索中的“假说”具有同等重要的启示意义。

诚然，车尔尼雪夫斯基乌托邦构想的提出已是160年前的事情，但对美好未来的憧憬本身就是对理想、希望的呼唤，这也正是我们今天这个社会最缺乏、最需要的，车氏的乌托邦精神值得鼓励和发扬。正如赫茨勒所

---

① 曼海姆著，姚仁权译：《意识形态与乌托邦》，北京：九州出版社，2007年版，第539页。

讲，“（乌托邦）这种理想主义是一条光芒四射的光线，它能穿透世世代代的混乱、愚昧、粗俗与武断”，“心中有了理想，就可以揭开社会变革无边进程的序幕”[①]。“向天空瞄准的人，比向树梢瞄准的人射得高得多。”[②]同时，我们应该辩证地看待车氏的乌托邦思想，其合理的成分值得借鉴，然而其内涵的一些要素应该引起我们的警惕，比如科技崇拜。作为技术工具的科技是人的主观设计，它对现实有其强迫性和规定性的一面，如果利用不当，科技在社会化的过程中很可能造成伦理危机、文明危机、道德危机。乌托邦作品中完全推崇或完全否定科技的态度，都是片面的。

总体来讲，我们应积极吸收车尔尼雪夫斯基乌托邦思想中的合理成分，积极发扬其对现代社会的人、环境发展的现实指导意义，同时警惕其容易带来灾难性后果的因素，在正题与反题充分探讨的基础上实现合题，最终实现以人为本，和谐发展。

① 赫茨勒著，张兆麟译：《乌托邦思想史》，北京：商务印书馆，1990 年版，第 266 页。

② 同上书，第 267 页。

结　　语

综上所述，通过系统爬梳、分析车尔尼雪夫斯基的乌托邦思想，我们得出如下结论：

乌托邦是人类历史上一个古老而永恒的命题，它是人类对美好理想社会的本能的永不停歇的追求。从某种意义上说，人类的历史就是一部乌托邦发展和演变的历史。在乌托邦思想的发展过程中，乌托邦文学一直扮演着重要角色。最早的乌托邦思想起源于文学作品，经典的乌托邦思想首创于文学作品，甚至经典的反乌托邦思想也生发于文学作品，以至于乌托邦文学成为一种独特的表达理想社会构想的文学样式，成为乌托邦思想寄居和发展的重要载体。具体到车尔尼雪夫斯基，其乌托邦思想"骨子"里透着俄罗斯乌托邦传统的气息，同时深受时代精神的浸染，这既表现在思想渊源，也流露在内涵实质；车氏乌托邦思想的"心脏"是俄罗斯的，对真理、对和谐的追寻，对古老村社的向往都是其具体表现，作家对乌托邦思想"容器"的设定方面沿袭了经典的俄罗斯形式——梦境。

车尔尼雪夫斯基自幼被俄国现实社会中普通大众的苦难生活所围绕，导致了他对"人"的问题的关注；女性在家庭和社会生活中的卑微地位激发了他对妇女解放，建立和谐平等的人际关系的渴望；沙皇政府的暴虐无能更坚定了他改变社会的信仰；彼得保罗要塞的牢狱岁月催生了他关于理想社会泉涌般的构想。他是西方近代世纪精神的深刻体认者和发扬者，启蒙运动宣传的自由、平等、博爱和妇女解放引起了他的强烈共鸣，时代大潮所催生的科技成为他崇拜的对象，在其思想的具体内涵中这将是理想社会的发展动力；他被费尔巴哈深深吸引，接受了其人本主义思想，懂得了人的真正主体地位和绝对价值，费尔巴哈的"合理利己主义"也对他产生了巨大的影响，这从总体上形成了车尔尼雪夫斯基乌托邦思想的人本主义基础和合理利己主义的依托；他是俄罗斯的傅立叶，他梦想在俄罗斯的土地上建造傅立叶式的法郎吉，法郎吉里的人们自由、和谐地全面发展。俄罗斯文化传统里的乌托邦思想是其理想社会的灵感源泉；村社文化在他的乌托邦构想中打下了深刻的烙印；他“很早就成了一个藏书家和饱读书籍的人”，俄罗斯文学传统中的普世主义和理想主义观念深深俘获了他的心，这催生了他拯救社会的渴望，孕育了他构建理想社会的乌托邦情怀。

车尔尼雪夫斯基理想社会中的人是通过批判当时俄国现实社会中的“庸俗人”，同时参照业已出现的“新人”和“特殊人”而构建的。“庸俗人”专制且局限，理想个人平等而自由，“庸俗人”在黑暗罪恶的社会里过着寄生的生活，理想个人在光明美好的社会里快乐耕耘，“庸俗人”在畸形中走向灭亡，理想个人在和谐中获得永恒。车尔尼雪夫斯基理想社会中的人际关系是完全平等、自由且充满爱的，而这种和谐平等的人际关系最直接、最有力的体现是男女平等，要实现男女平等首先要实现妇女解放，所以妇女解放成为车氏乌托邦思想的重要内涵。解放妇女并使她们获得真正的平等和自由，是车尔尼雪夫斯基毕生的心愿。这不仅是启蒙时代精神的表现，更是作家作为一个男人赎历史原罪的体现。究其本质，这是车氏关于人的问题的延伸。在车尔尼雪夫斯基的乌托邦蓝图中，妇女的完全解放是理想社会形成的前提和基础。届时，女人与男人不论在家庭生活还是社会生活中都拥有完全平等的地位，男人在女人面前的历史罪感亦不复存在，男女和谐发展。车尔尼雪夫斯基理想社会的发展动力是科技。科技是车尔尼雪夫斯基乌托邦思想中把人从繁重的体力劳动中彻底脱离出来的有力“武器”，也是在传统的俄国村社建立起“法郎吉大厦”和“水晶宫”的必要前提，这与车氏乌托邦思想中关于人的问题是一脉传承的。作家对科技的崇拜达到了极致，甚至把它运用到了伦理道德领域。科技是车尔尼雪夫斯基理想社会的发展动力，也从侧面证明了车尔尼雪夫斯基天才般的预见能力。

我们认为，乌托邦思想最主要、最常见的艺术呈现形式有三种：想象、反讽和隐喻。对乌托邦文学来说，对现实世界不满是因，萌发构建理想天国是果，在此过程中不可避免地对现实进行着批判和讽刺，是故乌托邦文学主题具有反讽性。具体到灌注了车氏乌托邦思想的《怎么办?》，我们发现，这不仅是一部承载乌托邦思想的文学力作，更是体现车氏反讽语言风格的代表作，从侧面印证了乌托邦文学与反讽的直接内核关联。于车氏而言，反讽既是躲避沙俄书报审查制度、实现“言此意彼”的手段，也是修辞手法、辩论技巧，更是一种人格化体现，是一种能力和生活状态，能够与所讲话语从整体上保持疏离，对反讽的理解和运用上升到哲学思辨的层次。“俄罗斯向何处去”这一时代命题，深深悸动着车氏忧国忧民的神经和细胞，时刻激发着他批判现实、改造俄国社会的沉思。《怎么办?》中对“庸俗人”、“洞察一切的男读者”及“序言”一章的反讽描写和形式安排，与主人公韦拉的梦共同实现车氏乌托邦图景的对立统一，让我们从既破又立的情节安排中感受到强烈的乌托邦气质，表达了作家对理想生活的向往以及对人类生存境遇的思考，亦彰显了19世纪俄国平民知识分子的社会责任担当。

车尔尼雪夫斯基乌托邦思想对民粹派运动的影响是多维且全面的，如车氏乌托邦思想中的人本主义基石、理想个人和社会的构建及“三劳”思想等对民粹派运动的发展都有深刻影响；俄国社会主义革命时期的许多优秀革命者身上都或多或少有着车氏乌托邦思想中理想个人的“影子”，列宁更是直言在思想成长历程中深受车氏及其《怎么办?》的影响，普列汉诺夫、季米特洛夫等也是如此；车尔尼雪夫斯基以梦境为乌托邦“容器”的表现手法既是赓续传统，也为后世的乌托邦创作提供了借鉴，其乌托邦梦境中的“天堂花园”主题对社会主义现实主义文学也有一定影响。车氏乌托邦思想，向现世的我们大声宣告了应该做一个和谐、自由、全面发展的人；也为我们摆脱价值平面化提供了价值选择，为我们打破“利益至上”原则指明了道路；最重要的是为我们建设社会主义精神文明提供了重要启示。在这个乌托邦言说极度匮乏的时代，在现代性文化观念做无限制的时空扩张，平整每一个文化主体或个体时，在人们沉浸于消费的极度快感和自由中，乌托邦作为人类永恒的超越精神，其拯救世界的力量逐渐显现，并在对现实的批判中积极发挥着作用。车尔尼雪夫斯基是一个伟大的人，再华丽的辞藻也难以全面修饰其光芒。

古语云：“盖文王拘而演《周易》；仲尼厄而作《春秋》；屈原放逐，乃赋《离骚》；左丘失明，厥有《国语》；孙子膑脚，《兵法》修列；不韦迁蜀，世传《吕览》；韩非囚秦，《说难》《孤愤》；《诗》三百篇，大底圣贤发愤之所为作也。”承载车氏乌托邦思想的《怎么办?》正是其被关押在彼得保罗要塞时所作。限于才学，笔者的研究还比较肤浅笼统。要洞悉车尔尼雪夫斯基的乌托邦思想，读者还需要与他更亲密地接触。希望笔者的论述能够引起读者对车尔尼雪夫斯基乌托邦思想的兴趣，从而激发学界对其进行更加深入细致的研究。

参考文献

外文文献

[1]Азнауров А. А. Этическое учение Н. Г. Чернышевского[M]. М.: Высшая школа, 1960.

[2]Ануфриев А. Е. Утопия и антиутопия в русской прозе первой трети XX в.: эволюция, поэтика[D]. Москва: Моск. пед. гос. ун-т., 2002.

[3]Бакулов В. Д. Социокультурные метаморфозы утопизма[M]. Ростов н/Дону: Изд-во Рост. ун-та, 2003.

[4]Бахтин М. М. Эстетика словесного творчества[M]. М.: Искусство, 1986.

[5]Бердяев Н. Философия свободы. Истоки и смысл русского коммунизма[M]. М.: ЗАО "Сварог и К", 1997.

[6]Бугров Д. В. От триумфа Габсбургов к торжеству славян: европейские проекты русской утопической мысли середины XIX - начала XX века[J]. Вестник Уральского отделения РАН, 2009(27).

[7]Гаврилов Е. О. Социально-философский анализ специфики российского утопического сознания[D]. Кемерово: Кемеров. гос. ун-т культуры и искусств, 2006.

[8]Гальцева Р. А. Очерки русской утопической мысли XX века[M]. М.: Наука, 1992.

[9]Геллер Л., Нике М. Утопия в России[M]. СПб.: Гиперион, 2003.

[10]Гуральник У. А. Наследие Н. Г. Чернышевского-писателя и советское литературоведение[M]. М.: Наука, 1980.

[11]Давыдова Т. Т. Русский неореализм: идеология, поэтика, творческая революция[M]. М.: Флинта, 2006.

[12]Демченко А. А. Памяти М. И. Перпер[J]. Новое лит. Обозрение, 2002(1).

[13]Демченко А. А. Н. Г. Чернышевский: pro et contra[M]. СПб.: РГХА, 2008.

[14]Денисюк Н. Ф. Николай Гаврилович Чернышевский: его время, жизнь и сочинения

[M]. М. : Изд. А. С. Панафидиной, 1908.

[15]Долгина Е. С. Проблемы культуры в русской литературной утопии XIX-XX веков [D]. Нижневартовск: Нижневар. гос. гуманитар. ун-т. , 2008.

[16]Егоров П. Ф. Российские утопии[M]. СПб. : Искусство-СПБ, 2007.

[17]Иванов-Разумник. Р. В. История общественной мысли: В 3-х т. т. [M]. Т. 2. М. : Республика; ТЕРРА, 1997.

[18]Каплан И. Е. , Пинаев М. Т. Русская литература: 10 кл. Хрестоматия ист. -лит. материалов[M]. М. : Просвещение, 1993.

[19]Ковтун Н. В. Русская литературная утопия второй половины XX века[D]. Томск: Том. гос. ун-т. , 2005.

[20]Коган Л. А. Философское завещание Н. Г. Чернышевского[J]. Философские науки, 1983(4).

[21]Козлов А. Ю. Утопия как методология и форма современной социальной критики [D]. Воронеж: Воронеж. гос. архитектур. -строит. ун-т. , 2001.

[22]Кокарева Ю. В. Нравственный идеал в философии русского народничества: Н. Г. Чернышевский, Н. К. Михайловский[D]. СПб: С. -Петерб. гос. ун-т. , 2007.

[23]Лиокумович Е. А. Диссидентская утопия в советском культурном пространстве[D]. Ростов-на-Дону: Рост. гос. ун-т. , 2005.

[24]Луначарский А. В. Статьи о литературе[M]. М. : ГИХЛ, 1957.

[25]Вайсман М. И. Проблемы освещения романа Н. Г. Чернышевского "Что делать?" в научной и критической практике (1863—2010) [M]. Вып. 3. П: Вестник Пермского ун-та, 2011.

[26]Махалёв С. А. Проблема развития личности в утопическом социализме Н. Г. Чернышевского[D]. Свердловск: УрГУ им. А. М. Горького, 1984.

[27]Межебовская В. В. Ирония как философско-эстетическая категория в романе Н. Г. Чернышевского "Что делать?"[D]. Оренбург: Оренбургский гос. пед. ун-т им. В. П. Чкалова, 2000.

[28]Меснянкина И. Б. Поиски нравственной свободы: (Анализ этических идеалов Н. Г. Чернышевского и Ф. М. Достоевского): из цикла "История этических учений" [M]. М. : Знание, 1987.

[29]Метласова Т. М. Интертекстуальность, реминисценции и авторские маски в романе Н. Г. Чернышевского "Повести в повести"[D]. Саратов: Сарат. гос. ун-т им. Н. Г. Чернышевского, 2006.

[30]Мильдон В. И. Санскрит во льдах, или возвращение из Офира: очерк русской

литературной утопии и утопического сознания[M]. М. : Российская политическая энциклопедия, 2006.

[31] Михайлова С. А. Утопический проект в культуре Просвещения[D]. СПб: С.-Петерб. гос. ун-т. , 2018.

[32] Мортон А. Английская утопия. Перев. В. Волкова[M]. М. : Иностр. лит-ра, 1956.

[33] Ненина. И. М Социальный идеал и утопия в культурно-исторических ситуациях общественного развития[D]. Красноярск: Сиб. аэрокосм. акад. им. акад. М. Ф. Решетнева, 2004.

[34]Николаев А. А. Николай Гаврилович Чернышевский. Знаменитый ученый и родоначальник русского социализма. Его жизнь и труды[M]. Ярославль: ИЯКСК, 1919.

[35]Павлова О. А. Русская литературная утопия 1900-1920-х гг. в контексте отечественной культуры[D]. Волгоград: Сарат. гос. ун-т. , 2006.

[36]Павлова О. А. Изучение произведений утопического и антиутопического жанров на уроках литературы в старших классах[D]. Москва: Моск. пед. гос. ун-т. , 2004.

[37]Паперно И. Семиотика поведения: Николай Чернышевский - человек эпохи реализма[M]. М. : Новое лит. обозрение, 1996.

[38]Пас О. Стол и постель [J]. Человек. 1994(1).

[39]Плеханов Г. В. Избранные философские произведения: в 5 томах[M]. М. : Госполитиздат, 1956—1958.

[40]Плеханов Г. В. Н. Г. Чернышевский. Введение (к немецкой книге 1894 г.)[M]// Плеханов Г. В. Избранные философские произведения: в 5-ти томах. М. : Изд-во социально-политической литературы, 1958: 5.

[41]Радищев А. Н. Путешествие из Петербурга в Москву[M]. СПб. : Наука, 1992.

[42]Сердюченко В. Л. Футурология Достоевского и Чернышевского. Князь Мышкин и Рахметов как ипостаси Христа [J]. Вопр. Лит, 2001(3).

[43]Соловьев Г. А. Эстетические воззрения Чернышевского[M]. М. : Худож. лит. , 1978.

[44]Стоппард Т. Берег утопии[M]. М. : Иностр. лит. , 2006.

[45]Улыбышев А. Д. Сон / Декабристы и их время[M]. М. : Б. и. , 1928. Т. 1.

[46]Фёдоров Н. Вечер в 2217 году: Рус. лит. утопия[M]. М. : Прогресс, 1986.

[47]Чарушин Н. А. О далеком и прошлом[M]. М. : Б. и. , 1926.

[48]Чаликова В. А. Утопия и культура. Эссе разных лет[M]. М. : ИНИОН, 1992.

[49]Чаликова В. А. Утопия и свобода：Эссе разных лет[M]. M.：Весть，1994.

[50]Черткова Е. Л. Специфика утопического сознания и проблема идеала [M]//Лекторский В. А. Идеал，утопия и критическая рефлексия. M.：РОССПЭН，1996.

[51]Шестаков В. П. Русская литературная утопия[M]. M.：Изд-во Моск. ун-та，1986.

[52]Шестаков В. П. Эсхатология и утопия[M]. M.：Владос，1995.

[53]Эткинд А. Толкование путешествий. Россия и Америка в травелогах и интертекстах[M]. M.：НЛО，2001.

[54]Яицкий В. А. Трансформация русской идеи как особенность формирования национального самосознания[D]. Нижний Новгород：Нижегор. гос. ун-т им. Н. И. Лобачевского，2011.

[55]Krishan Kumar. Utopia and Anti-utopia in modern times[M]. Oxford：Basil Blakwell press，1987.

中文译著

[56]安·米格拉尼杨．俄罗斯现代化与公民社会[M]．徐葵，等译．北京：新华出版社，2003.

[57]保罗·蒂里希．政治期望[M]．徐钧尧，译．成都：四川人民出版社，1989.

[58]别尔嘉耶夫．人的奴役与自由[M]．徐黎明，译．贵阳：贵州人民出版社，1994.

[59]博戈斯洛夫斯基．车尔尼雪夫斯基[M]．叶芳来，等译．郑州：黄河文艺出版社，1986.

[60]车尔尼雪夫斯基．怎么办？[M]．魏玲，译．南京：译林出版社，1998.

[61]车尔尼雪夫斯基．怎么办？[M]．蒋路，译．北京：人民文学出版社，2019.

[62]车尔尼雪夫斯基．哲学中的人本主义原理[M]．周新，译．北京：读书·生活·新知三联书店，1958.

[63]车尔尼雪夫斯基．艺术与现实的审美关系[M]．周扬，译．北京：上海：人民文学出版社，2009.

[64]车尔尼雪夫斯基．车尔尼雪夫斯基论文学(上)[M]．辛未艾，译．上海：新文艺出版社，1956.

[65]车尔尼雪夫斯基．车尔尼雪夫斯基论文学(中)[M]．辛未艾，译．上海：上海译文出版社，1979.

[66]车尔尼雪夫斯基．车尔尼雪夫斯基论文学(下)[M]．辛未艾，译．上海：上海译文出版社，1982.

[67]赫茨勒．乌托邦思想史[M]．张兆麟，译．北京：商务印书馆，1990.

[68]格里戈里扬．关于人的本质的哲学[M]．汤侠声，等译．北京：生活·读书·新知三联书店，1984.

[69]怀特海．科学与近代世界[M]．何钦，译．北京：商务印书馆，1989.

[70]康帕内拉．太阳城[M]．陈大维，等译．北京：商务印书馆，2007.

[71]卡尔·洛维特．从黑格尔到尼采[M]．李秋零，译．北京：生活·读书·新知三联书店，2006.

[72]卡西尔．人论[M]．李化梅，译．北京：西苑出版社，2009.

[73]拉塞尔·雅格比．不完美的图像：反乌托邦时代的乌托邦思想[M]．姚建彬，译．北京：新星出版社，2007.

[74]拉塞尔·雅格比．乌托邦之死：冷漠时代的政治与文化[M]．姚建彬，译．北京：新星出版社，2007.

[75]留里科夫．车尔尼雪夫斯基[M]．韩凌，译．北京：作家出版社，1956.

[76]马里宁．俄国空想社会主义简史[M]．丁履桂，郭镛森，译．北京：商务印书馆，1990.

[77]曼海姆．意识形态与乌托邦[M]．姚仁权，译．北京：九州出版社，2007.

[78]米·布尔加科夫．狗心[M]．戴骢，曹国维，译．杭州：浙江文艺出版社，2010.

[79]尼古拉·梁赞诺夫斯基，马克·斯坦伯格．俄罗斯史[M]．杨烨，卿文辉，译．上海：上海人民出版社，2007.

[80]珀蒂菲斯．十九世纪乌托邦共同体的生活[M]．梁志斐，周铁山，译．上海：上海人民出版社，2007.

[81]普罗特金．俄国天才的学者和批评家：车尔尼雪夫斯基[M]．曹葆华，译．北京：新华书店，1950.

[82]汤姆·斯托帕．乌托邦彼岸[M]．孙仲旭，译．海口：南海出版公司，2006.

[83]托马斯·莫尔．乌托邦[M]．戴镏龄，译．北京：商务印书馆，2010.

[84]叶·扎米亚京．我们[M]．亚玲，等译．北京：作家出版社，1998.

[85]以赛亚·柏林．俄国思想家[M]．彭淮栋，译．南京：译林出版社，2011.

[86]以赛亚·柏林．自由论[M]．胡传胜，译．南京：译林出版社，2003.

[87]施潘诺夫．俄国哲学史论文集[M]．北京：生活·读书·新知三联书店，1957.

[88]费尔巴哈哲学著作选集(上卷)[M]．荣震华，李金山，译．商务印书馆，1984.

中文著作

[89]陈之骅．车尔尼雪夫斯基[M]．北京：商务印书馆，1962.

[90]戴桂菊，李英男．俄罗斯历史[M]．北京：外语教学与研究出版社，2005.

[91]董晓．乌托邦与反乌托邦：对峙与嬗变[M]．广州：花城出版社，2010.

[92]贺来．现实生活世界：乌托邦精神的真实根基[M]．长春：吉林教育出版社，

1998.
[93]蒋路．俄国文史采微[M]．北京：东方出版社，2003.
[94]刘宁，程正民．俄苏文学批评史[M]．北京：北京师范大学出版社，1992.
[95]马晓翙，马家骏．俄国文学史略[M]．北京：中国社会科学出版社，2004.
[96]马莹伯．别、车、杜文艺思想论稿[M]．北京：文化艺术出版社，1986.
[97]牛红英．英美文学与西方乌托邦思想[M]．长春：吉林大学出版社，2009.
[98]童道明．阅读俄罗斯[M]．上海：上海三联书店，2008.
[99]任子峰．俄国小说史[M]．北京：北京大学出版社，2010.
[100]吴易风．空想社会主义经济简史[M]．北京：商务印书馆，1975.
[101]徐毓丹．车尔尼雪夫斯基的经济思想[M]．上海：上海人民出版社，1957.
[102]杨寿堪．20 世纪西方哲学科学主义与人本主义[M]．北京：北京师范大学出版社，2003.
[103]姚海．俄罗斯文化[M]．上海：上海社会科学院出版社，2005.
[104]易漱泉，雷成德，王远泽．俄国文学史[M]．长沙：湖南文艺出版社，1986.
[105]赵志明．西方哲学与人文精神[M]．洛阳：解放军外语音像出版社，2006.
[106]朱达秋，周力．俄罗斯文化概论[M]．上海：上海外语教育出版社，2010.
[107]朱维之，赵澧．外国文学史(欧美卷)[M]．天津：南开大学出版社，1997.

中文学位论文

[108]曹志芹．文学乌托邦的建构及意义：废名、沈从文乡土小说比较论[D]．济南：山东师范大学，2015.
[109]崔京生．乌托邦小说中的科技[D]．洛阳：解放军外国语学院，2011.
[110]陈侃．当代自由主义反乌托邦思想探析[D]．厦门：厦门大学，2008.
[111]冯火魁．左翼作家政治讽刺小说论[D]．沈阳：辽宁大学，2015.
[112]李小青．永恒的追求与探索：英国乌托邦文学的嬗变[D]．成都：四川大学，2006.
[113]李迎新．俄国 18、19 世纪讽刺文学研究[D]．保定：河北大学，2019.
[114]罗丽平．俄国民粹派“村社社会主义”理论述评[D]．上海：上海社会科学院，2010.
[115]刘文娇．论陀思妥耶夫斯基笔下的“新人”[D]．昆明：云南大学，2017.
[116]王光灿．俄罗斯思想史上的“水晶宫”意象研究[D]．桂林：广西师范大学，2008.
[117]王小菲．论乌托邦文学的三个维度[D]．桂林：广西师范大学，2005.
[118]杨红伟．论乌托邦的概念及其政治意义[D]．武汉：武汉大学，2004.
[119]杨昇华．陀思妥耶夫斯基反乌托邦思想初论[D]．苏州：苏州大学，2012.
[120]杨晓雅．乌托邦的修辞及其文化功能研究[D]．杭州：浙江大学，2015.

[121]张麟杰．以赛亚·柏林论俄国文学中两种艺术观念的冲突[D]．桂林：广西师范大学，2011.
[122]张茹．赫尔岑的浪漫主义反讽[D]．苏州：苏州大学，2016.
[123]张智宏．隐喻与反讽：罗蒂的自由主义乌托邦理论[D]．哈尔滨：黑龙江大学，2013.
[124]张严峻．19 世纪 60 年代俄国文学政治报刊与知识分子[D]．上海：华东师范大学，2016.
[125]蔡同军．普罗米修斯的火种：车尔尼雪夫斯基与周扬[D]．苏州：苏州大学，2004 .

中文期刊

[126]罗兰·费希尔，陆象淦．乌托邦世界观史撮要[J]．第欧根尼，1994(2).
[127]陈世荣．妇女解放的光辉思想：读车尔尼雪夫斯基的《怎么办?》[J]．广西民族学院学报(社会科学版)，1982(1)：99-105.
[128]聪聪．车尔尼雪夫斯基对《资本论》的评价[J]．世界历史，1980(4)：21.
[129]单世联．"水晶宫"与现代文化的分裂：重思车尔尼雪夫斯基与陀思妥耶夫斯基之争[J]．外国文学评论，2011(2).
[130]葛力．摩莱里空想社会主义思想之得失[J]．党校科研信息，1990(35).
[131]耿希联，陈雪平．论车尔尼雪夫斯基在俄国哲学发展中的贡献[J]．大庆高等专科学校学报，1996(2)：1-4.
[132]谷玮洁．论俄罗斯文学的讽拟渊源[J]．攀枝花学院学报，2015，32(6)：81-83.
[133]何正标，朱益飞．关于《乌托邦》中国家制度的解析[J]．无锡南洋学院学报，2008(1).
[134]侯丹．十月革命前的俄国讽刺杂志[J]．文艺理论与批评，2017(5)：22-29.
[135]贾明．车尔尼雪夫斯基和他的著名长篇小说《怎么办?》[J]．文化译丛，1982(1)：51-55，127.
[136]金美玲．"水晶宫"与"黄金时代"之辩：车尔尼雪夫斯基、陀思妥耶夫斯基比较研究[J]．中国俄语教学，2016，35(1)：27-30.
[137]李必莹．俄国文学史上的一颗明珠：关于车尔尼雪夫斯基夫人的新材料[J]．苏联文学，1980(3)：89-91，148.
[138]李霞．西方乌托邦文学的发展与变异[J]．淮阴师范学院学报，1999(6).
[139]李仙飞．乌托邦研究的缘起、流变及重新解读[J]．北京大学学报，2005(6).
[140]李澄．普列汉诺夫论车尔尼雪夫斯基的哲学思想[J]．求是学刊，1990(6)：18-22.
[141]李恒方．投身革命 走向社会：《怎么办?》对妇女解放运动的贡献[J]．开封教育学院学报，1990(4)：18-23.

[142]立莎．无产阶级革命导师与车尔尼雪夫斯基[J]．安徽大学学报，1985(1)：100.
[143]李建军．血床上绽放的乌托邦之花：论《怎么办?》[J]．名作欣赏，2015(31)：24-31.
[144]李建军．一双煮得半熟的靴子?：车尔尼雪夫斯基批判[J]．文艺理论研究，2016，36(3)：89-100，160.
[145]李洋．关于车尔尼雪夫斯基“美是生活”定义的评析[J]．大众文艺(理论)，2009(3)：104-105.
[146]刘涵之，马丹．车尔尼雪夫斯基“美是生活”的美学思想与现实主义艺术观：以《艺术与现实的审美关系》为中心[J]．俄罗斯文艺，2011(1)：20-28.
[147]刘纪．“美是生活”与日常生活中的美：读车尔尼雪夫斯基的《艺术与现实的审美关系》有感[J]．文教资料，2010(33)：94-95.
[148]刘心昌．俄国现实主义文学及车尔尼雪夫斯基和谢德林对列宁的影响[J]．山西大学师范学院学报(文理综合版)，1990(Z1)：56-58.
[149]马晓婧．车尔尼雪夫斯基美学理论中的人本生态美[J]．哈尔滨工业大学学报(社会科学版)，2009，11(4)：125-128.
[150]潘一禾．经典乌托邦小说的特点与乌托邦思想的流变[J]．浙江大学学报(人文社科版)，2007(1).
[151]彭萍，罗孝廉．“生活的教科书”与周扬的文艺功能观：兼论车尔尼雪夫斯基对周扬的影响[J]．湖南城市学院学报，2009，30(5)：74-79.
[152]任玲．德国歌德和席勒式的讽刺文学探究[J]．才智，2014(26)：282.
[153]汝信．论车尔尼雪夫斯基对黑格尔艺术哲学的批判[J]．哲学研究，1958(1)：90-107.
[154]汝信．车尔尼雪夫斯基的社会政治观点[J]．文史哲，1956(1)：12，24-31.
[155]苏晖．车尔尼雪夫斯基对黑格尔喜剧美学思想的继承与突破[J]．华中师范大学学报(人文社会科学版)，2000(2)：131-136.
[156]粟美娟．马克思论车尔尼雪夫斯基[J]．广西师范大学学报(哲学社会科学版)，1983(2)：35-40.
[157]孙忠霞．俄罗斯讽刺文学研究[J]．语文学刊，2016(2)：82-83，139.
[158]施新佳．俄苏文艺思想对延安文学的影响：以别林斯基、车尔尼雪夫斯基、杜勃罗留波夫文艺思想为例[J]．洛阳师范学院学报，2016，35(10)：47-50.
[159]唐英．以自己的方式超越传统：《天赋》中纳博科夫对车尔尼雪夫斯基文学观念的反思[J]．安徽文学(下半月)，2014(8)：90-91.
[160]田刚健．“美是生活”抑或“美是生命”：车尔尼雪夫斯基美学意蕴及当代价值再探[J]．俄罗斯文艺，2019(4)：107-115.
[161]童明．自然机器・人性・乌托邦：再论陀思妥耶夫斯基和车尔尼雪夫斯基之争

[J]. 外国文学，2009(1).

[162]王海明．合理利己主义探本：兼析合理利己主义与个人主义之异同[J]. 北京师范学院学报(社会科学版)，1990(2)：40-49.

[163]王宗琥．俄罗斯恶的花：论维·叶罗菲耶夫及其后人道主义文学创作[J]. 世界文学，2010，331(4).

[164]仵从巨．批评家车尔尼雪夫斯基与小说《怎么办?》[J]. 教书育人，2005(11)：63-64.

[165]向叙典．车尔尼雪夫斯基的哲学思想[J]. 西北师范大学学报(社会科学版)，1979(2)：55-62.

[166]向祖文．"他的著作散发着阶级斗争的气息"：试析车尔尼雪夫斯基对农奴制和资本主义的批判[J]. 世界历史，1988(5)：106-115.

[167]杨名中．简论车尔尼雪夫斯基的崇高观[J]. 西北师范大学学报(社会科学版)，1998(3)：23-25，106.

[168]姚建斌．乌托邦小说：作为研究存在的艺术[J]. 北京师范大学学报(社会科学版)，2003(2).

[169]姚建斌．乌托邦文学论纲[J]. 文艺理论与批评，2004(2).

[170]袁丽丽．19 世纪 60 年代—90 年代俄国的合作化运动[J]. 内蒙古师范大学学报(哲学社会科学版)，2015，4(5)：43-46.

[171]岳麟章．车尔尼雪夫斯基的政治思想[J]. 政治研究，1984(1)：65-83.

[172]张隆溪．乌托邦：观念与实践[J]. 读书，1998(12).

[173]张彭松．乌托邦的困境与希望的哲学反思[J]. 哲学动态，2009(12).

[174]张秋华．试论车尔尼雪夫斯基与俄国农民[J]. 北京大学学报(哲学社会科学版)，1980(1)：74-82.

[175]张晓萌．创造、自由与实验：恩斯特·布洛赫论文艺的乌托邦功能[J]. 延安大学学报(社会科学版)，2019，41(5)：103-107.

[176]赵秋长．悲欢离合总关情：托尔斯泰和车尔尼雪夫斯基的爱情观[J]. 河北师范大学学报(社会科学版)，1993(3).

[177]郑永旺．反乌托邦小说的根、人和魂：兼论俄罗斯乌托邦小说[J]. 俄罗斯文艺，2010(1).

致　谢

掩卷定稿，一路走来有不少感慨。选择做车尔尼雪夫斯基乌托邦思想这个题目，最初是感于这个“外国佬”的犀利言辞、斗争气质和丰盈内涵。缱绻数载，愈发感到，最是初心动人心。车氏逆境之中不言放弃、囚系之下不说妥协的韧劲和顽强，实为当下和未来人生路途的营养良剂。乌托邦，贵在精神，重在气质，激发的是创造的冲动，震颤的是枯僵的灵魂。

文学，就像人生航程中的灯塔，你的最终目标不一定是这个灯塔，但这个灯塔可以给你的前进方向以光亮。这是我的恩师王宗琥老师常讲的一句话，印象深刻，令人感怀。工作之后，继续攻读博士学位，面临很多的矛盾和困难，如果没有王老师，今天是万万不敢想象这个博士是怎样的结局。每当遇到学业的坎坷，抑或生活的苦闷，工作的压力，老师总是能用他那豁达的胸襟、幽默的语言、广博的学识，让我们一扫颓丧，重拾“革命”的信心，继续攻打下一个娄山关、腊子口。在这里，我要向尊敬的王宗琥老师道一声“感谢”，前路漫漫会有期，此情烙于星河间！

文学，为这个年龄阶段的我，提供了一个新的人生向度，就像乌托邦之于社会思潮一样，也使我的人生际遇之门更加开阔。通过博士阶段的学习，我有幸结识了我们首都师范大学外国语学院的各位良师，隋然老师、刘文飞老师、李灵老师、于明清老师、徐先玉老师、关晶辉老师，你们的教诲、指导、帮助，让我的人生底色更加丰富和厚重，无形中也锻炼了我的修养脾性，为我的成长之路树立了更多标杆。利用这个机会，向各位老师表示诚挚的谢意。同时，汪剑钊老师、李正荣老师及徐乐老师、夏忠宪老师、侯玮红老师，对我博士论文的完成和毕业给予了许多宝贵意见，付出了辛勤的劳动，学生表示由衷的感谢！

文学，给了我无数教益，让我有机会在首都师范大学的文学大家庭中徜徉遨游，遇到许多优秀的兄弟姐妹。你们为我博士阶段的学习和毕业，提供了许多无私真诚的帮助，尤其是技术性、程序性方面的问题，让我可以平静、顺利地毕业，完成培养计划和各方面的要求。在这里，也对你们表示感谢，向你们道一声珍重。

当然，我的家人和朋友，也对我的文学之路默默付出、坚定支持。在我遇到艰难困苦之时，或是萌发弃读念头之际，你们总是毫无怨言、悉心指引，让我在这条道路上的步伐更加坚实稳健，谢谢你们！

寥寥数语，未竟片意。愿我们一切安好，归来之后仍是少年！